FUTURE THINKING OF HR

HR的未来思维

人力资源管理的未来奇景与忧思

唐秋勇 著

战略思维　科学思维　设计思维　创新思维　变革思维

電子工業出版社
Publishing House of Electronics Industry
北京 · BEIJING

图书在版编目（CIP）数据

HR的未来思维 / 唐秋勇著. —北京：电子工业出版社，2020.1
ISBN 978-7-121-37219-3

Ⅰ. ①H… Ⅱ. ①唐… Ⅲ. ①人力资源管理 Ⅳ. ①F243

中国版本图书馆CIP数据核字（2019）第175790号

责任编辑：吴亚芬
印　　刷：北京富诚彩色印刷有限公司
装　　订：北京富诚彩色印刷有限公司
出版发行：电子工业出版社
　　　　　北京市海淀区万寿路173信箱　　邮编100036
开　　本：720×1000　1/16　印张：21.25　字数：343千字
版　　次：2020年1月第1版
印　　次：2020年6月第2次印刷
定　　价：98.00元

凡所购买电子工业出版社图书有缺损问题，请向购买书店调换。若书店售缺，请与本社发行部联系，联系及邮购电话：（010）88254888，88258888。
质量投诉请发邮件至zlts@phei.com.cn，盗版侵权举报请发邮件至dbqq@phei.com.cn。
本书咨询联系方式：（010）88254199，sjb@phei.com.cn。

作者简介

唐秋勇

法国里昂商学院全球人力资源与组织创新研究中心联席主任

在人力资源管理领域拥有近20年创业、经营管理和研究方面的经验。

拥有澳大利亚国立大学创新管理硕士学位和华中科技大学工商管理硕士学位，并拥有香港大学组织与人力资源管理研究生文凭，此外还攻读了法国蒙彼利埃大学管理学博士学位并参与了哈佛商学院“专业服务公司发展战略”项目。

著有8本计算机和人力资源管理方面的畅销图书，如近期行业畅销著作《巨人的人才攻略》等。自2017年以来，他撰写的《HR的未来简史》《HR的未来使命》与本书《HR的未来思维》可称为“人力资源管理未来三部曲”。

法国里昂商学院成立于1872年，是欧洲最古老的商学院之一，也是全球范围内能同时获得三大国际认证［国际商学院协会（The Association to Advance Collegiate Schools of Business，AACSB）、欧洲质量改进体系（European Quality Improvement System，EQUIS）、英国工商管理硕士协会（The Association of MBAs，AMBA）］的商学院之一。学校共设有里昂、巴黎、圣埃蒂安、上海、卡萨布兰卡、布巴内斯瓦尔六大校区，在全球121个国家和地区拥有31 000名校友，以及10个研究中心。

前言

鲜花和荆棘

在这个信息扑朔迷离、智能技术带来信息传递显著加速的时代，人力资源管理正在经历一场史无前例的超大变革与彻底颠覆，这也彻底改变了每个个体和组织的发展进程。

共享经济等新经济，以及工业互联网、物联网、云、大数据、人工智能、区块链等新技术正在以史无前例的速度变革着商业环境和模式，并且冲击着传统企业的管理。我们所有人都主动或被迫地加快节奏前行。新技术正以助燃剂的方式推动变化的发生，并且导致许多商业形态消亡。那么，未来的商业组织和人力资源管理者需要怎样的思维?

商业环境正在发生巨变，而传统人力资源管理思维也面临着未来发展的空前挑战。对于领先组织而言，越领先意味着越接近灭亡，大型企业创新导致的必然趋势则是“科层式”管理架构的崩溃，而组织的边界也正在被打破。与此同时，随着个体的崛起，自由、灵活的工作方式成为未来职场大趋势，阻拦自由工作方式的管理模式早晚会被土崩瓦解。未来，传统的职业概念及人力资源管理方式都将失去意义。

在个体时代，权威不断消失，体验不断深化。因为新事物、新趋势、新机遇、新危机会在瞬间发生变化，所以人们没有时间停顿、休息、放松，只能和鸟群、鱼群中的个体一样，紧紧跟随群体不断加快节奏。今天，移动设备犹如人类连接外部世界的新器官，不断从外部世界获取新的信息、指令、需求，让职场精英随时处于“在线”状态，无处逃遁，只能不断被迫迎战。组织形态和工作方式也正在发生变革，传统的“职位公告板”模式运营正在走向消亡，集中在固定场所和时间的工作方式逐渐被瓦解，员工与组织之间则从雇佣关系走向联盟关系：企业将演变成由全职员工与自由工作者组成的混合体，而未来的工作也将由全职员工、自由工作者、外包服务机构、人力资源平台，以及人工智能等高新技术协同完成。

在个体价值崛起时代，组织的职能不再是分配任务和监督工作，而是搭建平台和培育土壤，让员工的专长、潜力、兴趣等能够得到更好的发挥。对于组织而言，人们在衡量其优劣时，不能仅看财务绩效（这更多代表组织过去的成绩），还需要评估组织的健康度（这决定组织未来的发展潜力）。未来最成功的企业是能够快速变化、适应新环境而且很快建立核心优势的公司，这就需要不断培育构建自身组织的能力。与此同时，未来要管理的员工将变得更加多元化和复杂化。人力资源管理者必须突破原有的思维认知，利用并整合多方资源，充分利用多样化的人力资本，进入人力资源管理新时代。

未来，扑面而来。组织如何突破创新途中的窘境？未来，人才市场是否即将发生大跃迁？如何重塑未来员工的峰值体验？人力资源管理者如何应对全球化人才布局、技术突变、文化意识、文化多样性、组织变革等问题？人力资源部门如何进行快速迭代？人力资源管理者将通过什么样的思维来帮助组织快速适应未来商业环境和组织形态的变革？面对时代的挑战，如何打破现有认知、建立未来思维？

人力资源管理正在经历一场史无前例的历史性变革，没有简单便捷的答案可循。实际上，倘若一个问题能够很容易地解决，那么也不能称为问题了。

在快速变化的商业环境中，人力资源部门必须直面挑战，积极主动接受思维的颠覆并拥抱变革，重视人才对组织运作的决定性作用，率先引领以人才为核心的一系列组织创新与变革，以多元化和互联式的组织形态解放人才，让他们释放出最大的活力与创造力。同时，善于用新理念、新方法和新技术提升人力资源管理的效率，为企业未来发展提供战略支持，创造更大的价值。人力资源管理者重任在肩又责无旁贷。商业的巨大风暴来袭，我们处在商业世界巨变的前夜，时不我待。虽然大部分组织做出的改变，很多时候是因不受控制的情势出现的，或者经历了破茧成蝶的痛苦，但是智慧的领导者可以“在不得不改变之前做出改变”。

本书希望给人力资源管理者提供“一座灯塔”，以帮助他们在浩瀚大海和迷雾中前行。通过本书，读者可以在变幻莫测的商业巨变中了解未来思维和工作方式的变化，以及人力资源管理前瞻性的理念和技术。希望与读者共同探讨人力资源行业的破局思维与前沿浪潮，洞悉潜在的变革因素，见证整个人力资源行业的演变。在未来前行的路径上，有鲜花也有荆棘，但只要我们坚持运用正确的思维和行动方式，我们就能到达远方。

本书适合在企业从事人力资源管理工作的人员，以及与之相关的管理人士使用。此外，本书对于从事与人力资源管理工作相关的理论研究、企业创新与变革管理工作的研究学者，大专院校人力资源管理等相关专业的学生，以及其他相关人员都有很高的参考价值。书中若有不足之处，恳请广大读者不吝赐教并批评指正。

唐秋勇

目　录

第6章

条件反射与内部引擎

第7章

大象的舞蹈与重生

第8章

液态网络、风暴与20%

第9章

机械宇宙与创新的伊甸园

第10章
公告板的消亡

第11章
人才市场的大跃迁

第12章
致命的第3种流失率

第13章
人才进化论与彼得的疫苗

第14章

经验的疆界与看不见的宝藏

第15章

绩效管理的推拉与牵引

第16章

权力的壁垒与沟壑

第17章

群体行动、热点机制与数字感知

第18章

设计的破局与巅峰之路

第19章
人才流失率的终结

第20章
心理契约与工作动力学

第21章
山的那一边与康德的鸭嘴兽

未来云谲波诡，
未来波澜壮阔，
我们身处何处，又去往何方？

这是一个加速的星球，
这是一个有野心的时代，
我们已经身处传统管理学说的最后边疆。

今天，
基石开始碎裂，
X 和 Y 启动翻转，
欢迎来到人力资源管理新世界。

让我们一起
眺望未来，
开启与未来的第 3 次对话。

第 1 章

ACCELERATE PLANET AND THE AGE OF AMBITION

加速星球与野心时代

1

加速的蓝色星球

现代世界的首要特征是变化的范围之广与速度之快。

——托尼·布莱尔（Tony Blair），英国前首相

追求速度、新奇和便利是人类天性，因此人们发明了像F1这样的追求极致速度的游戏。现在，人们办公室和家庭里一半以上的新工具是数十年前不存在的新鲜事物。1990年，一位南京大学的男生如果爱上一位北京大学的女生，则大多使用“手写信”这种方式来表达“我爱你”这短短3个字，而女生收到这封信则需要10天左右，即使第一时间做出了响应，回复4个字“我也爱你”，则男生收到信的时间也是10天左右。这意味着发出一个信息到收到反馈的时间至少要20天。由于技术的变化，今天的人们几乎完全放弃了“手写信”这种缓慢的通信方式，基于互联网的通信手段已经把信息传递的时间和成本推动至约等于0。在人类历史上，信息从未像今天这般可以如此迅速地传播、扩散，科技风暴后，人们的反应非常一致，人们拥抱带来的一切美好和便利：通过微信等几乎实时地和在地球另一端的人进行无成本沟通，通过亚马逊、淘宝购买万里之外的商品，通过抖音观看世界各地有趣的无意义视频。

我们一举缩小了地球！

——胡安·特里普（Juan Trippe），泛美航空公司创始人，在引入首架喷气客机时的讲话

另一边，人们又对这些变化带来的压力充满抱怨，变得紧张和焦虑。1999年，网页加载时间达到8秒就会失去1/3访问量；2006年，网页加载时间缩短到4秒，而现在网页加载时间超过2秒就会被谷歌表示为缓慢。一个淘宝买家如果在线向卖家发出

询问10秒后未获得响应，买家就会放弃此卖家，寻找其他卖家；一家企业的领导在下班后通过微信群布置了新任务，几十秒内没有获得下属的回应，就会马上致电质问“什么情况？”。速度和收入的关系也日渐紧密，研究发现像亚马逊这样的电商网站，如果网页加载时间每延长0.1秒，收入就会下降20%。

在商业世界，必须一直奔跑，如果静止不动，竞争会一口吞掉你。

——威廉·努森（William Knudsen），企业家

今天，**用户、客户要的不仅是快，而且是更快！**现在当人们单击网站的购买按钮的几乎同一时间，远在千里之外的配送机器人已经开始忙碌得不亦乐乎了。现在对于客户需求的响应速度已经成为评价一家企业产品和服务的主要指标，客户希望有更快的服务以节约自己的时间或加快获取产品和服务的速度以提高自己的交付速度。在今天的商业世界中，时间本身已经成为一种价值高昂的商品。人们对于时间的忍耐阈值不断降低，随着5G时代的到来，信息传输速度将再次加快一个数量级，人类将生存在一个转动更快的蓝色星球中。

任何值得做的事情都值得做得更快！

黑莓平板电脑的广告

技术带来信息传递的大加速，彻底改变了每个个体和整个人类社会的发展，**所有人都主动或被迫步伐紧凑地在同一快节奏中前行，人们在生活和工作中无意识地、本能地追赶最快客户、同事的节奏，这造就了一个新的人类社会的现象：节律同步（Rhythm Synchronization），即人们的节奏无意识地相互调节，趋向与周边人群一致，人们的节奏正被裹挟得越来越快。**心理学家菲利普·津巴多（Philip Zimbardo）发现：**人们对于一种烦心事产生的愤怒与挫败情绪，在过去20年里激增。**这也导致今天互联网上傲慢、愤怒、嘲讽、攻击、侮辱等负面情绪词汇的评论呈现指数级增长。同时，节律同步也不仅限于个体之间，当一家企业倾向于延长工作时间、加快工作节奏时，其竞争对手也倾向于这么做，如同商业界的“军备竞赛”。

在商业世界，必须一直奔跑，如果静止不动，竞争会一口吞掉你。

——威廉·努森，企业家

快比慢好！谷歌相信瞬间带来的喜悦。您需要解答的时候，是希望马上得到解答的。这点是毋庸置疑的吧？ 谷歌可能是世界上唯一一个努力让其用户尽快离开自己网站的公司。谷歌执着地削减自己网页上的每个多余的字节，不断地提高服务环境的效率，并一次次地打破自己创造的速度纪录。其他人认为利用大型服务器是处理海量数据的最快捷方式，但谷歌发现联网的 PC 机速度更快。在他人已接受搜索算法所决定的明显速度限制时，谷歌却写出了新的算法，证明了速度无限的真理。谷歌一直在不断地努力，让速度再快一点。

——谷歌十大价值观之三

商业文明越发达和经济发展程度越高，人们的节奏就越快，去过香港的人会发现：香港扶梯的速度远快于中国的其他城市。在喧嚣的城市之中，人们的步伐显著快于乡村的人，因为**新事物、新趋势、新机遇、新危机会在瞬间出现和消失，人们没有时间停顿、休息、放松**，只能与鸟群和鱼群中的个体一样，紧紧跟随群体不断加快节奏。今天移动设备犹如人类连接外部世界的新器官，不断从外部世界获取新的信息、指令、需求，让职场精英随时处于“在线”状态，无处逃遁，只能不断被迫迎战。

忙乱的生活方式已经成为一种嗜好，人们像疯了一样争取做更多的事情，努力保持在线，随时待命，对新任务照单全收。

——蒂芬妮·布朗（Stephanic Brown），心理学家

商业世界日新月异的变化令人激动，但是也意味着世界如同卡尔·马克思（Karl Marx）在《共产党宣言》所认为的：**生产不断变革，一切社会状况不停地动荡，永远地不安定和变动**。今天，所有的组织都被放置在一个不断加速的跑步机上，要么跟上跑步机的速度，要么被甩出来，然后鼻青脸肿。快速代表着进步和成功，缓慢无异于失败和衰亡，如同迈克尔·舒马赫（Michael Schumacher）所言：**对于完美的事物来说，速度是一种统治力；对于不完美的事物来说，速度是一种毁灭力**。所有的公司不得不争先恐后地拥有变化最快、最具颠覆性的力量，整个商业界充满了躁动和不安。

对于完美的事物来说，速度是一种统治力；对于不完美的事物来说，速度是一种毁灭力。

——迈克尔·舒马赫，前F1赛车世界冠军

商业世界的加速，正在造就新的奇迹，今天某个城市一栋不起眼的小破楼里几个员工的初创公司，也许几年后就足以发展为颠覆行业的巨无霸，拼多多创办仅3年就在美国上市，上市首日市值赶上2/3个京东。而2016年9月才上线的抖音，仅仅2年不到的时间，国内的日活跃用户突破1.5亿人，月活跃用户超过3亿人。应用市场研究公司Sensor Tower数据显示，到了2018年一季度，抖音海外版本Tik Tok在苹果的App Store全球下载量高达4 580万次，超越了脸书、Instagram、YouTube等巨头成为全球下载量最高的iOS应用。而据第三方市场数据机构App Annie的统计，Tik Tok在全球40多个国家和地区的应用商店的下载量登顶。在日本，2017年夏季才登录的Tik Tok在当年11月的下载量就登顶App Store榜首，从来没有一款中国产品在全球的用户数量增长速度如此让人瞠目结舌，也从来没有一款产品让全世界的青年人如此喜爱，他们被远方的无意义趣味视频迷得神魂颠倒。

想要减轻压力，一个快速的方式就是放慢速度。

——莉莉·汤姆林（Lily Tomlin），演员

2 疯狂的野心时代

过去，传统行业巨头对于出现的创业小公司可以表现得傲慢、不屑一顾，就算这些小公司一帆风顺，壮大到足以威胁自身的规模也要到猴年马月，而且大公司可以通过复制这些小公司的产品、模式来进行封杀，也可以直接兼并收购小公司来清理市场。而今天的大公司意识到：**无论敌人从哪里冒出来，规模有多小，都要将其消灭在襁褓之中，**因为小公司成长壮大的速度史无前例，快到还没来得及复制、并购，已经追不上或买不起了。大公司应对小公司挑战进行反应的时间正在不断缩短。

> **如果外部的变化比内部的变化快，那么企业的死期就不远了！**
>
> ——杰克·韦尔奇，通用电气第 8 任 CEO

商业环境变化的加快，使大公司的衰落也如自由落体般迅速，从“天下无敌”到“明日黄花”只有短短一瞬。科技的风暴让旧力量像多米诺骨牌一样一个个快速地倒塌：柯达、诺基亚、摩托罗拉……这些如日中天的巨头转瞬间就轰然倒下，让所有的商业领袖都心有余悸，如履薄冰。他们深知**在瞬息万变、危机四伏的商业环境中，骄傲自满、严防死守陈旧的产品、模式无异于自寻死路**。今天，企业家们无不执拗地全力以赴、自我颠覆，这也是今天越来越多的公司采用“996”工作制的原因。在四面八方隐隐约约的“楚歌”之中，稍有懈怠或许就会被某个车库中的创业者颠覆为“古董”，**变化正如同黑洞吞噬着一切**。《一网打尽：贝佐斯与亚马逊时代》一书如此描绘亚马逊CEO杰夫·贝佐斯（Jeff Bezos）：“他骨子里不愿看到公司出现任何懈怠，他催促产生源源不断的想法、改善网站体验、提升对于客户的吸引力，并始终保持领先竞争对手一步。”企业家们做到了哲学家黑格尔（Georg Hegel）所言的“领导者应该是那个不断行动、永远警醒和自由活泼的灵魂”。

如果外部的变化比内部的变化快，那么企业的死期就不远了！

——杰克·韦尔奇，通用电气第 8 任 CEO

世界变化很快，不再是大打小，而将是快打慢。

——鲁伯特·默多克（Rupert Murdoch），21世纪福克斯公司董事长

现在的企业不仅勇猛地和竞争对手对抗，而且为了创造狂热的创新氛围，甚至鼓励内部竞争，热衷于“左右手互搏”。脸书举办“编程马拉松”，参加的程序员们不眠不休，最后获胜者获得了CEO马克·扎克伯格（Mark Zuckerberg）赠予的T恤衫。

要么颠覆自己，要么被颠覆！

——克莱顿·克里斯坦森（Clayton Christensen），《创新者的窘境》的作者

今天，初创公司体积小得前所未有，野心却大到史无前例。那些小到微不足道的企业的创始人考虑得不再只是分一杯羹，而是革新和颠覆现在的巨头甚至整个行业，他们初创时设立的愿景和商业史与任何时期的都大相径庭，已经演进成了革新农业、征服死亡、改变世界！改变的不是一个行业，而是一个行业的未来！**仿佛选择的目标越是雄心勃勃，市场机遇就越大**，事实上他们也在拼命长大，因为他们认为：**“公司只有变大，才能对世界产生巨大的影响。”**

如果你的野心没有资源多，你就不是企业家。

——C.K.普拉哈拉德（C.K.Prahalad），学者

风险投资则是推动这一进程和折叠时间的催化剂。与此同时，创业公司史无前例之多，《经济学人》杂志声称今天的创业风潮，使得现在如同商业史上的“寒武纪”（于5.4亿年前，当时发生了物种大爆发）。《经济学人》写道：“初创公司如雨后春笋般涌现，推出的产品和服务种类纷繁复杂，涉及经济的每个角落。”小公司的百舸争流创造出前所未有的繁华，大公司的企业家们也不甘落后，在这个蓝色星球上竞争已经不能满足他们的胃口。埃隆·马斯克（Elon Musk）和杰夫·贝佐斯在经营电动汽车和电商之余，甚至将激烈竞争拓展到了天空，分别创立了太空探索技术公司（SpaceX）、蓝色起源公司（Blue Origin），争相向太空发射可垂直回收火箭，并开展首次将人类送达火星的太空竞赛。

公司只有变大，才能对世界产生巨大的影响！

——马克·安德森（Marc Andreessen），网络浏览器发明人、网景公司创始人

马化腾在香港演讲时讲道："我们当时很紧张，内部3个团队同时在做，都叫微信，哪个团队跑得赢，就算谁的，不敢怠慢，冗余无所谓了，因为那时候生死攸关！我们高强度地研发了一个月，这是生死时速，因为另一家对手也正在赛跑，他们赌我们不会那么快，认为腾讯是大公司了，不会那么快，然而我们真的就那么快。我们天天晚上奋战到凌晨3点到5点，过完那个月基本就大局已定。"所以最危险的时候，往往就是很短的一段时间。微信成功的一个副作用是颠覆了自身的优势产品QQ，但是马化腾宁愿在别人下手之前，亲手杀死自己下金蛋的鹅。

任何公司在其发展中都会经历这样一个时间点，在该点上，公司需要做出重大改变以提升其表现到更高层次。错失了变革的时刻，公司就会开始走下坡路。

——安迪·葛洛夫（Andy Grove），英特尔公司前CEO

现在，微信已经拥有9亿人以上的用户量，保守估值也超过了8 000亿元人民币，而生死就在短短的一个月时间，这一个月的速度哪怕有丝毫的迟缓，或许微信就会折戟沉沙，和移动社交这个战略市场失之交臂。此前新浪微博一骑绝尘，网易微博、搜狐微博、腾讯微博无论如何奋力追赶都无法改变"赢家通吃"的市场格局，所有前期的巨额投入全部灰飞烟灭，而新浪微博则将这一市场"**吃干抹净**"。**快速多变的商业环境使得时间成为人们的敌人，意味着人们已经进入被动状态，而要改变这种被动状态唯有加快速度。加快速度是一种时间压缩能力，**即用更短的时间完成同一件事情的能力。在商场这个新江湖中，"天下武功唯快不破"的这个定理颠扑不破。

兵之情主速，乘人之不及，由不虞之道，攻其所不戒也。

——《孙子兵法·九地篇》

任何公司在其发展中都会经历这样一个时间点，在该点上，公司需要做出重大改变以提升其表现到更高层次。错失了变革的时刻，公司就会开始走下坡路。

——安迪 · 葛洛夫，英特尔公司前 CEO

3

高速率与快迭代

基于对速度的无限追求，公司需要比以往更快地将产品推向市场。领英联合创始人里德·霍夫曼（Reid Hoffman）比喻道，今天的企业需要做到：**“从悬崖上跳下去，在落地前组装一架飞机！”**因此今天的企业因为追逐时间而被迫放弃完美主义，不再试图推出理想化的完美产品，而是先推出**最小可行化产品（Minimum Viable Product，MVP），这个产品只提供与众不同且正确的关键功能，并能在给客户创造价值后，就推向市场验证。如果验证成功，则在此基础上继续快速迭代；如果验证失败，则继续试错，直到成功！**

> **时间的集中重于空间的集中，速度足以抵消数量的优势。**
>
> ——埃尔文·隆美尔（Erwin Rommel）

“沙漠之狐”埃尔文·隆美尔认为：**“时间的集中重于空间的集中，速度足以抵消数量的优势。”**从新产品开发角度，人们可以把他说的“空间”理解为产品功能。**在激烈竞争的市场环境中，在竞争对手之前交付一个不完美但至少能用的产品极为重要！如果注定失败，那么失败来得越快越好，这意味着耗费更少的时间、资金和精力在错误的事情上。**

> **如果万事都看似尽在掌握，那只能说明你的速度不够快。**
>
> ——马里奥·安德雷蒂（Mario Andretti），赛车手、美国首个F1总冠军

爱彼迎（Airbnb）成立时，其创始人布莱恩·切斯基（Brian Chesky）和乔·格比亚（Joe Gebbia）住在旧金山的一个公寓里，甚至无钱支付房租。他们的关键假设是帮助旅客预订到低廉的民宿，帮助房主把多余的房间在短期内出租出去，他们的最小可行化产品网站只有一个有几张阁楼照片的简单网页，但很快就吸引了3个

付费客人，然后公司有机会开始有机扩张。拥有云盘服务全球最多用户数的多宝箱（Dropbox）则更厉害，开始时并没有发布任何产品，而创建了一个演示视频假装已经准备发布产品，以此来验证人们的需求强度和广度，幸运的是，一夜之间视频吸引了7万多人，他们留下了电子邮件，希望尽快获得这个产品。当苹果发布第1代iPhone时，它缺乏许多基本功能，如复制、粘贴，而且没有当时手机都有的基本功能，如处理彩信、蓝牙等。

如果推出的第 1 个版本没有让你感到不好意思的话，那么说明出货太晚了。

——里德·霍夫曼，领英联合创始人

虽然发布最小可行化产品最初只是为测试各种假设的一个手段，但并不意味着做起来非常容易，它并非为了测试产品在技术层面是否可行，而是判断产品方向是否正确，也就是产品是否解决了客户的需求、痛点等，是否有客户愿意持续使用、付费购买。理想的终极产品也许有数百项功能，但是创建最小可行化产品时只需要弄清楚产品里最大的假设，然后做出来，验证它。因此，在创建最小可行化产品时不要纠结在没有意义的细节里。这一点很重要，人们的目的在于弄清楚投入的资金、时间、精力是否值得，而不要花时间在用户不会使用或不愿付费的功能上。

4

折叠的时间

如果加快速度是对于时间的压缩，那么多任务能力则是对于时间的折叠。今天，企业的产品开发已经淘汰了“闭门造车”这种模式，而是在开发阶段就进行大量、高频率的假设验证。A/B测试是验证假设最重要的方法和工具，它本质上是一个实验。A/B测试也被称为分割测试或桶测试，是一种将产品的两个版本发送给潜在用户获得反馈数据，用于比较以确定哪个版本更受欢迎、性能更好的方法。

A/B测试，如图1-1所示，帮助人们通过数据做决策，将业务对话从“我们假设”转变为“我们知道”。A/B测试的基本实验框架的5个阶段如图1-2所示。

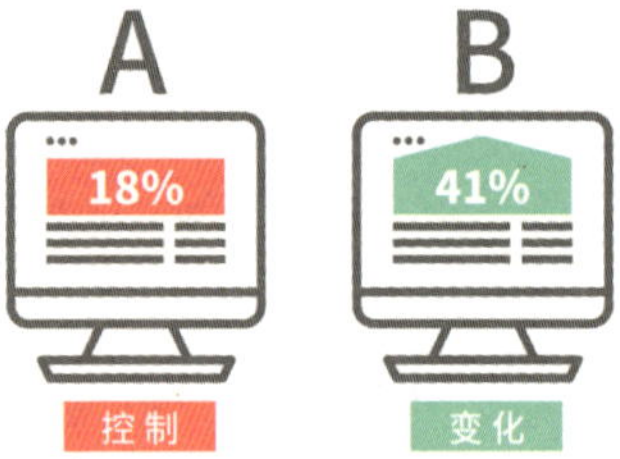

图1-1　A/B测试

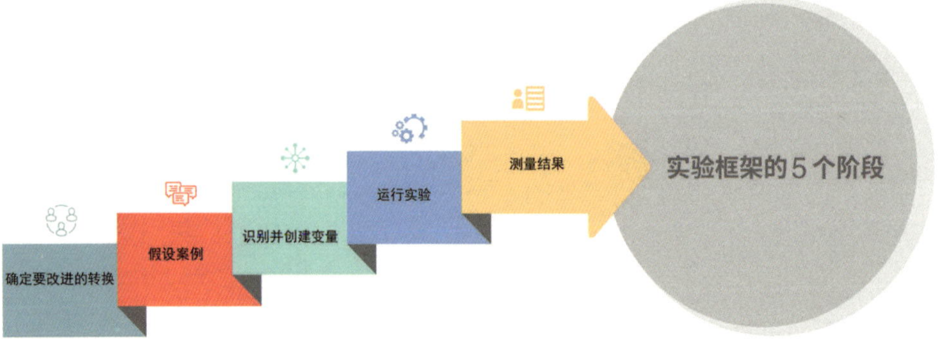

图1-2　A/B测试的基本实验框架的5个阶段

资料来源：https://netwatchusa.com。

如何使用A/B测试来优化网站的单击率？

（1）收集数据：寻找可以优化的位置，如网站的主要流量入口，并收集用户行为数据，以及寻找可以改进的低转换率或高丢弃率的页面。

（2）确定目标：人们的转化目标用于确定新的变体是否比原有版本更成功的指标。目标可以是按钮单击次数增加、浏览量及注册量增加、客户购买行为增加。

（3）生成假设：确立目标后，人们就可以开始生成A/B测试假设，以改进和优化当前版本。将这些新的假设建立列表后，根据预期影响和实施难度确定优先级。

（4）创建变体：对网站的元素或界面，以及某些体验流程进行更改，如更改按钮的颜色、大小、位置，增加、减少页面元素和更换次序等 。

（5）运行实验：启动A、B两个版本实验并等待访问者参与，访问用户被随机分配到A、B两个变体。通过监测、计算和比较，确定每种体验的表现。

（6）分析结果：通过显示的实验数据，决定哪种变体胜出。

A/B测试改变了过去产品开发过程中自以为是、先入为主地进行闭门造车式的开发模式，不再假设自己是“先知”“无所不知”，以自己认为理想的方式替用户做出选择，而是改为使用大数据思维，通过假设、测试、验证来决定产品方向。A/B测试是把决策权交给市场和客户的过程，也是从主观到客观的过程，还是从“必然王国”到“自由王国”的过程，更是从盲目走向科学的产品开发过程。

> **我们在亚马逊的成功取决于我们每年、每月、每周、每天做多少次实验。**
>
> ——杰夫·贝佐斯，亚马逊创始人、CEO

奈飞在推出两项举措后，导致80万个客户流失。其CEO里德·哈斯廷斯（Reed Hastings）立即自我否定，宣告这两项举措极为愚蠢，立即取消新规。现在是一个用户说了算的时代。A/B测试这种方法实际上也适于管理者所做的制度、行为、流程改变。而今天，A/B测试正在被淘汰。现在谷歌的一次测试，展示了近百种深浅的任务栏，并获得了用户偏好的实时反馈。产品开发的时间大幅度缩短，运算速度和带宽的提高已经足以同时测试数万个版本，并在极短时间内得出理想版本。这意味着，**同时开展测试的数量，代表一家企业拥有折叠时间的超能力。**加速的压力导致了学科的复兴——“同步工程学”（Simultaneous Engineering），即过去按顺序串联生产的方式改为同时并行生产，这门学科问世已经数十年，因为信息系统的运算能力和存储能力的飞跃，才开始变得切实可行。

我最自豪的事情之一，也是我们成功的关键，就是我们的测试框架……在任何给定的时间点，运行的不仅是一个版本的脸书，而是大概一万个版本。

——马克·扎克伯格，脸书创始人、CEO

不仅是对于开发速度，对于开发质量的要求也呈现指数级提高。谷歌联合创始人拉里·佩奇（Larry Page）声称：谷歌的目标不应是将既有产品的质量提高10倍，而应该是创建出比既有产品好10倍的产品！在未来，招聘广告和每一个职位空缺的职位说明，都需要且能够自动撰写n个版本同时面向求职者开展测试，这种基于求职者反馈的科学实验法，可以极大提高简历投递量和候选人申请量。

本章小结

（1）用户、客户要的不仅是快，而且是更快！

（2）对于大企业来说，无论敌人从哪里冒出来，规模有多小，都要将其消灭在襁褓之中。

（3）商业环境变化的加快,使大公司的衰落也如自由落体般迅速,从“天下无敌”到“明日黄花”只有短短一瞬。

（4）在瞬息万变、危机四伏的商业环境中，骄傲自满、严防死守陈旧的产品、模式无异于自寻死路。

（5）变化正如同黑洞吞噬着一切。

（6）现在的企业不仅勇猛地和竞争对手对抗，而且为了创造狂热的创新氛围，甚至鼓励内部竞争，热衷于“左右手互搏”。

（7）今天，初创公司体积小得前所未有，野心却大到史无前例。

（8）快速多变的商业环境使得时间成为人们的敌人，意味着人们已经进入被动状态，而要改变这种被动状态唯有加快速度。加快速度是一种时间压缩能力。

（9）最小可行化产品只提供与众不同且正确的关键功能，并能在给客户创造价值后，就推向市场验证。如果验证成功，则在此基础上继续快速迭代；如果验证失败，则继续试错，直到成功！

（10）在激烈竞争的市场环境下，在竞争对手之前交付一个不完美但至少能用的产品极为重要！

（11）如果注定失败，那么失败来得越快越好，这意味着耗费更少的时间、资金和精力在错误的事情上。

（12）如果加快速度是对于时间的压缩，那么多任务能力则是对于时间的折叠。

（13）通过假设、测试、验证来决定产品方向，是把决策权交给市场和客户的过程，也是从主观到客观的过程，还是从“必然王国”到“自由王国”的过程，更是从盲目走向科学的产品开发过程。

（14）同时开展测试的数量，代表一家企业拥有折叠时间的超能力。

不同时代的思维方式差异如表1-1所示。

表1-1　不同时代的思维方式差异

	过去的思维方式	未来的思维方式
客户需求	快	更快
生产效率	缓慢	全速前进
生活方式	安逸随性	随时待命
商业界	缓慢地推陈出新	加速颠覆
巨头应对创业企业	傲慢与不屑一顾	以最快速度消灭在襁褓之中

第 2 章

THE AMAZING INTERNET OF ABORIGINES AND THE GENERATIONAL DIVIDE

神奇之网的原住民与代际分水岭

1

原住民的底层思维之异

1993年9月，美国克林顿政府制订了注明“国家信息基础结构”的行动计划，继而又提出了建设“全球信息基础设施”的主张，标志着“神奇之网”互联网真正意义上的诞生。今天，互联网已经成为人们工作和生活中不可或缺的底层操作系统，也意味着互联网和水、空气一样成为人的基本需求品。

> **没有人是自成一体、与世隔绝的孤岛，每个人都是广袤大陆的一部分。**
>
> ——约翰·多恩（John Donne），英国诗人

接下来，全世界职场的主力军将是诞生于互联网时代的互联网原住民，这与诞生于互联网出现前的大部分企业管理层即“互联网移民”相比，不仅是一个代际差异，更有着天然的心理和思维鸿沟。互联网上，没人可以获得话语霸权和垄断权力，每个个体都可以自由选择、努力贡献、成为领导，也不必忍受暴力，反对者不用担心被边缘化，贡献和真知灼见会被认可和奖励，这些和传统层级组织格格不入。

以下列举几个互联网和传统层级组织的主要差异。

（1）权力的泡沫化：互联网上每个人都有发言和评论的权利，任何观点都可以获得他人的赞美和批评。在法律许可范围内，任何人都无法让他人禁言、压制和摧毁新的观点。**观点、创意获得关注和认同，不是因为权力，而是因为价值、共鸣。互联网稀释了权力的力量，削弱了企业领导者掌控话语权和议程设定权的能力，**同时互联网具备将每个个体了解的碎片信息自动拼凑和整理在一起还原真相的能力，并且互联网让人们很容易验证信息，让谎言、丑恶无所遁形，并为人们提供了更多的选择。个体选择权构建了强大的说“不”的权力。

（2）流动而非固化：如同市场体系一样，**在互联网上，资源、资金、注意力、个体的时间不断流动，自动以那些有价值、有吸引力、有趣味的项目为目标，然**

后转向下一个。而传统组织里，资源的分配是自上而下的权力强制分配，并且是固化的。

（3）分享而非保留：互联网是一个分享和回报成正相关的体系，分享越多回报越多，保留则不会得到任何回报。

（4）贡献大于背景：在互联网上英雄不问出处，没人在意你的头衔、学历、工作经历、家庭背景。过去这些能表明你的优势、差异的东西，变得不再重要，大家关注的是你能贡献什么，你带来了什么新观点、新价值、新乐趣……

（5）聚合而非边缘：在传统等级组织内，信息大多是纵向地上传下达，很难横向传递和流动，这就使得信息和指令具有一定强制性，也难以获得横向的证实。信息被强制接受，难以被质疑和反对，即使有也很快被边缘化，而**互联网上，反对的个体很容易因一致意见而聚合，然后集结、聚合在一起，形成强大的反对集团，很难被打散**。

（6）权力来自涌现：互联网上各大平台都有意见领袖，他们拥有海量的关注者，他们的言论被广泛阅读、点赞、评论、转发，这赋予了他们强大的影响力和话语权，而这个**权力的获得并非来自瀑布式的自上而下授予，而是来自温泉式的涌现**。

（7）公仆而非指挥官：在互联网上命令和控制毫无作用，无人理睬，只会被关注者抛弃和远离。只有做一个互联网“人民公仆”，努力、无私地持续提供新颖、有价值的观点、洞察才能获得关注、追随和认同。

（8）滥竽充数到高低立现：能者纵横天下，庸者踽踽独行，在互联网上大众点评、豆瓣、Glassdoor等大量点评系统和平台积累了海量数据。虽然不是每一个评分都客观真实，但总体上提供了充分的参考价值。在互联网的点评平台上很难滥竽充数、以次充好，“皇帝新装”也总被发现。而在传统组织内，员工大多数时候无法对任何事情进行评论，也极少有公司愿意建设一个内部平台让员工批评、质疑、吐槽各种制度和决策。

（9）选择而非分配：互联网是一套自由选择系统，无法强制分配或迫使任何人接受。每个人都倾向于选择自己有兴趣或利己的选项，放弃那些自认为无意义的选项。人们自由地选择和某些人连接和沟通，忽略和屏蔽某些人。

（10）**精神奖励大于物质奖励**：开源社区、维基百科的存在和蓬勃发展，让人们看到无物质奖励的义务劳动在这个世界的普遍存在，奉献带来的精神奖励、被认可、兴趣驱动的强大力量。

（11）**从“强关系”到“弱关系”影响**：在传统组织内，人们的观点主要受领导、同事这样的“强关系”的传导影响，如图2-1所示。而在**互联网上，大量的信息和观点来自“弱关系”，穿透了“强关系”这一层，人们的主要观点逐渐演变为与远方的“弱关系”保持一致，如图2–2所示。**

图2-1　传统组织里，人们的观点主要受“强关系”的传导影响

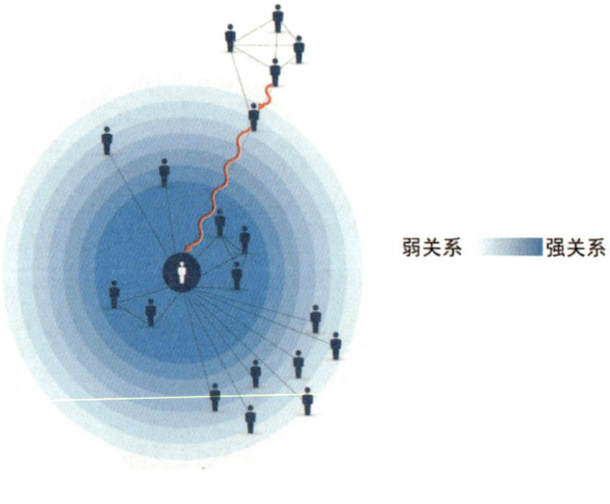

图2-2　互联网上，人们的主要观点逐渐演变为与远方的“弱关系”保持一致

（12）**指数级而非线性传播**：社交网络出现后，**互联网上的重要信息传播速度**

史无前例之快，可以像原子弹的链式反应一样，迅速引爆。而传统组织内，信息的传播是串联式的，传播人数是缓慢的线性增长。

社交网络出现前的信息传播如图2-3所示。

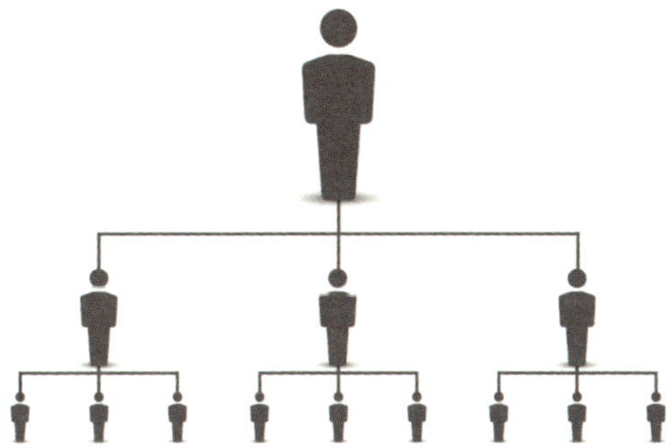

图2-3　社交网络出现前的信息传播

社交网络出现后的信息传播如图2-4所示。

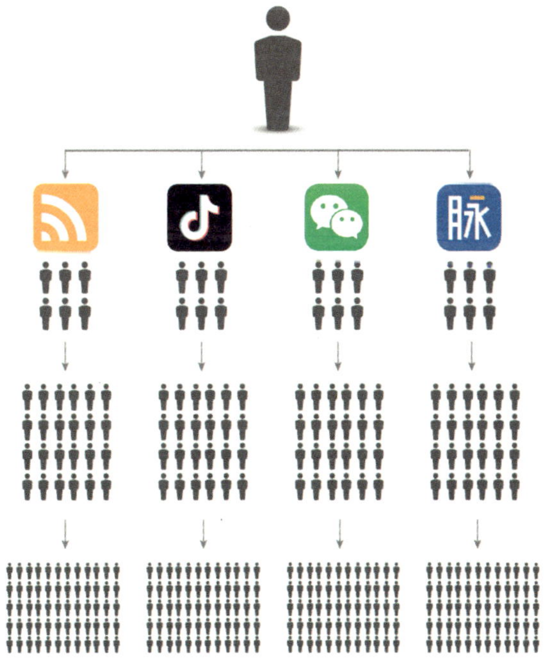

图2-4　社交网络出现后的信息传播

（13）从“皇帝新装”到去伪存真：在传统层级组织内，自上而下地传递信息，在权力的威慑下，无人质疑，导致出现“皇帝新装”现象，而且在自上而下的传递过程中，每个层级倾向于加入自己的理解。在自上而下地传播时，每一层又倾向于控制、过滤负面信息，从而导致信息不断衰减和扭曲，出现长鞭效应，即当信息传递的各节点的个体根据来自其相邻的下级节点的信息进行理解后再传播时，信息的不真实性会沿着各个节点向下传递，产生逐级放大的现象。当信息从顶层达到底层节点时，其所获得的信息发生了很大的偏差。而在**互联网上，一个错误的信息很容易被其他节点传递的信息所证伪，**互联网从本质上来说就是一个“福尔摩斯”，这也是区块链的核心逻辑。

互联网和传统层级组织管理的内在冲突点如表2-1所示。

表2-1　互联网和传统层级组织管理的内在冲突点

管理的内在冲突点	传统层级组织	互联网
权力观	威权	平等
资源	固化	流动
回报体系	强调内部公平，贡献未必和回报成正比	强调效率，贡献越多回报越多
地位	自上而下地分配而获得	自下而上地贡献而获得
反对意见	边缘化	聚合
权力获取	授予	涌现
领导行为	命令和控制	服务与贡献
判断机制	禁言、上级确定基调	点评系统
任务	强制分配	自我选择
奖励机制	物质奖励	精神奖励
观点来源	强关系影响	弱关系影响
信息传播数量	线性增长	病毒式、指数级增长
信息传递质量	扭曲变异	去伪存真

新一代的“互联网原住民”沉浸于互联网，天然具备互联网的自由精神和文化特质。人力资源管理的研究对象和核心是人本身，当人这个最重要的变量发生了根本变化时，构建传统人力资源管理哲学的基石就动摇了，意味着其思想和知识大厦倾覆，并需要重新构建。过去百年来的人力资源管理学说都是构建于传统层级组织这个前提下的，而现在**互联网构建了全新的人的组织方式和协作方式。**

2 来自底层的变革力量

贫瘠时人们更加倾向于实用主义，富足时人们倾向于寻求意义。站在一个雕塑前，贫困的人思考的是材质、价值多少，富足的人却只看到美。“互联网原住民”生活在相对富足的时代，追求意义甚于寻求财富，他们接受了更好的教育并享有互联网时代信息易获取性，使得他们对于物质的追求、服从性，以及组织的价值观的要求与以往的代际有所不同。一个组织不但要提供合理的回报，还需要平等的职场环境和正确的价值观，过去在一些企业司空见惯的那些“思想”已经难以被他们接受了，例如：

- 一家企业的终极目标就是盈利、创造股东价值。
- 公司只需要对其行为的直接后果负责，而不考虑间接后果。
- 公司只需要考虑短期业绩，而且可以透支未来的利益；只需要考虑自身的利益，而不考虑对其他人或组织的影响。
- 公司只需要考虑经济价值而不需要考虑社会价值。
- 如果企业能够长期生存即“基业长青”，就是好企业。
- 如果企业在股市表现不错，就是好企业。
- 为了达到公司的绩效目标，可以牺牲员工的利益，如通过“996式”隐性制度来降低用人成本，加快速度。
- 为了让客户购买，企业可以适度“欺骗”客户、偷工减料。
- 市场即战场，企业对于竞争对手可以无所不用其极。

这些唯利是图的想法，过去甚至是很多企业制胜的法宝，但今天“互联网原住民”的“组织公民”思维和行为越来越多，建立了一种来自底层的反制这些“思想”和改变组织的力量。组织公民行为（Organizational Citizenship Behavior）由美国印第安纳大学的丹尼斯·沃根（Dennis Organ）教授提出，他认为：**“组织公民行为是**

一种员工自觉形成的行为，它不包括在员工的正式工作要求中，也不存在组织形式的奖赏，但这种行为无疑会促进组织的有效运行。”该理论认为组织公民行为由以下7个维度构成：

- 助人行为（Helping Behavior）；
- 运动家道德（Sportsmanship）；
- 组织忠诚（Organizational Loyalty）；
- 组织遵从（Organizational Compliance）；
- 个人首创性（Individual Initiative）；
- 公民道德（Civic Virtue）；
- 自我发展（Self-Development）。

从未来趋势看，“不作恶”已经成为所有组织的生存和发展的基石和最低标准，不仅要创造客户价值，还要积极主动地创造社会价值，从“不作恶”到“做好事”。企业不能仅是一个唯利是图的创造金钱的机器，还是一片制造关爱、美丽、快乐、荣耀、慈善、公平、正义、信任、智慧的乐土。这看上去像乌托邦式的理想。事实上只有这样，企业才能更好地融入环境和社会，促进自身的可持续发展；也只有这样，才能赢得未来的客户和员工的主体力量——“互联网原住民”一代的认可。今天的商业界，理性和实用主义太多，而感性和理想主义太稀缺。

本章小结

（1）观点、创意获得关注和认同，不是因为权力，而是因为价值、共鸣。互联网稀释了权力的力量，削弱了企业领导者掌控话语权和议程设定权的能力。

（2）在互联网上，资源、资金、注意力、个体的时间不断流动，自动以那些有价值、有吸引力、有趣味的项目为目标，然后转向下一个。

（3）互联网上，反对的个体很容易因一致意见而聚合，然后集结、聚合在一起，形成强大的反对集团，很难被打散。

（4）互联网上，权力的获得并非来自瀑布式的自上而下授予，而是来自温泉式的涌现。

（5）互联网是一套自由选择系统，无法强制分配或迫使任何人接受。

（6）互联网上，大量的信息和观点来自“弱关系”，穿透了“强关系”这一层，人们的主要观点逐渐演变为与远方的“弱关系”保持一致。

（7）互联网上的重要信息传播速度史无前例之快，可以像原子弹的链式反应一样，迅速引爆。

（8）互联网上，一个错误的信息很容易被其他节点传递的信息所证伪。

（9）互联网构建了全新的人的组织方式和协作方式。

（10）贫瘠时人们更加倾向于实用主义，富足时人们倾向于寻求意义。

（11）组织公民行为是一种员工自觉形成的行为，它不包括在员工的正式工作要求中，也不存在组织形式的奖赏，但这种行为无疑会促进组织的有效运行。

互联网诞生前后的思维变革如表2-2所示。

表2-2　互联网诞生前后的思维变革

	互联网诞生前的思维	互联网诞生后的思维
个体言论权利	论资排辈，阶层意识浓重	人人平等
资源的分配	强制分配并且固化	不断流动
分享和回报	负相关	正相关
个体优劣势体现点	学历、头衔、工作经历和家庭背景	贡献内容、新观点、新价值和新乐趣
信息传递方式	上传下达	结集聚合
权力来源	瀑布式自上而下授予	温泉式自下而上涌现
命令与控制	指挥官	人民公仆
点评模式	滥竽充数，以次充好	高低立现，层次分明
信息传播数量	串联式线性增长	爆炸式指数增长
信息可信度	扭曲偏差	去伪存真

第 3 章

THE STARS OF BOSTON AND THE DISTANT ARBUTUS

波士顿的明星与远方的杨梅

1

房间内的瘦狗、金牛和明星

美国著名的管理学家、波士顿咨询公司创始人布鲁斯·亨德森（Bruce Hehderson）于1970年首创了波士顿矩阵，如图3-1所示，用于分析现有业务组合的战略选择：投入、维持、获取、丢弃。在20世纪70年代和80年代，几乎一半的《财富》500强企业使用该分析框架设计和管理其战略。

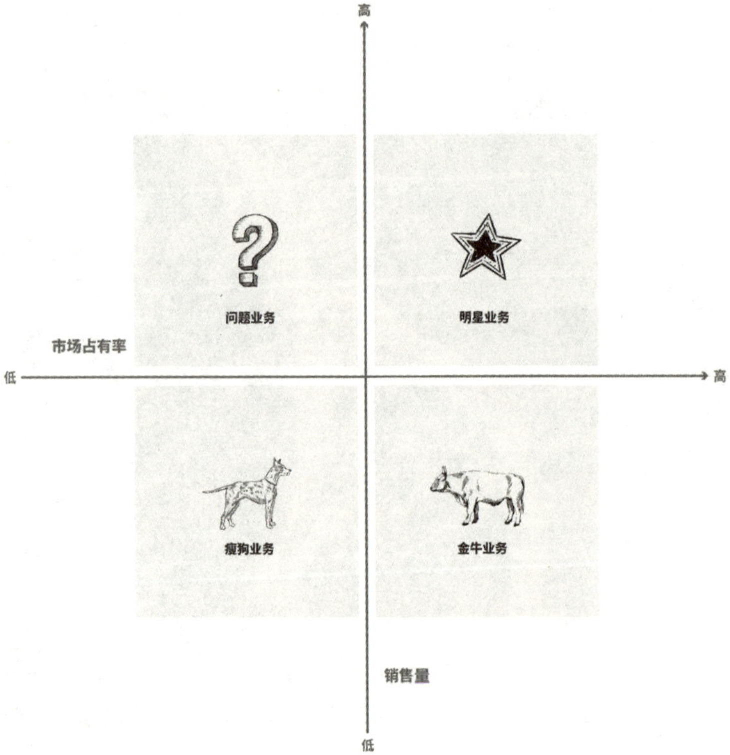

图3-1　波士顿矩阵

波士顿矩阵帮助企业经营管理人员评估判断现有业务的状况并做战略选择，提供了一个简单但极为有效的思维分析框架。

其中，销售量或销售收入增长率和市场占有率均高的业务命名为明星业务；销售量或销售收入增长率和市场占有率均低的业务命名为瘦狗业务；销售量或销售收入增长率高但市场占有率低的业务命名为问题业务；销售量或销售收入增长率低而市场占有率高的业务命名为金牛业务。销售量或销售收入增长率高低的一般分界线是10%，超过就是高增长。市场占有率指标一般用该业务相对于最大竞争对手的市场份额标识，从0.1（销售量或销售收入是最大竞争对手的10%）至10（销售量或销售收入是最大竞争对手的10倍）表示，并以相对市场份额1为份额低或高的分界线。需注意的是，这个数字范围在衡量时根据企业的实际市场状况应进行调整。

通过这个矩阵，企业领导者可以在未来决策时正确进行资源的优化配置。在激烈竞争中，有限资源的合理分配是企业制胜的关键，企业大体上可以采取以下4种策略。

- **投入**：对有发展前途的问题业务和持续性的明星业务，继续投资，以扩大市场份额。
- **维持**：对于可以带来稳定、健壮性回报的金牛业务保持现状，稳住现有的市场份额。
- **获取**：对于穷途末路的瘦狗业务、问题业务及前途渺茫的金牛业务尽可能在短期内最大化获取现金收益。
- **丢弃**：对于无利可图的瘦狗和部分问题业务，采取出售或终止策略，将宝贵的资源转向其他象限业务。

> **在任何场合，企业的资源都不足以利用它所面对的所有机会或回避它所受到的所有威胁。因此，战略基本上就是一个资源配置的问题，成功的战略必须将主要的资源用于最有决定性的机会。**
>
> ——威廉·科恩（William Coen），美国前国防部长、科恩国际战略咨询集团创始人

波士顿矩阵是一种面向未来的优化业务组合的有效策略。但是这种方法也有简单粗暴的缺点，如分类过于强制，尤其对于接近分界线的业务，同时难以兼顾两个有内在关联性的业务，并且不考虑业务经济价值以外的战略价值（如品牌价值、声誉价值）。

“在任何场合，企业的资源都不足以利用它所面对的所有机会或回避它所受到的所有威胁。因此，战略基本上就是一个资源配置的问题，成功的战略必须将主要的资源用于最有决定性的机会。”

——威廉·科恩，美国前国防部长、科恩国际战略咨询集团创始人

2

新市场的麦子与关键的第二象限

波士顿矩阵的局限性在于：为分析公司内部业务组合并进行战略选择的方法，并不能用于衡量和分析外部的新市场、新业务是否需要进入。很多时候企业在自身所处市场不景气而其他市场出现全新或重大机遇时，就需要仔细评估是否需要进入全新领域，这种**目标市场迁移能力是组织能够基业长青的核心竞争力**。对一个组织来说，**重要的不是某个时间点、某个范围的市场（区域或行业等）具有优势，而是连续不断在不同的市场环境中都能展现优势**。帮助组织生存发展的模式是构建新模式下生存所需的组织能力，线上的电商公司千方百计进入线下零售，线下零售商也在绞尽脑汁进入在线零售，最终的目标就是成为一种同时具备线上线下能力的两栖新物种——新零售。在陆地上被狮子追赶时，跳入水中；在水中被鳄鱼威胁时，返回陆地，这种两栖能力帮助物种增加了生存的可能性。

> **如果你要成功，你应该朝新的道路前进，不要跟随地走被踩烂了的成功之路。**
>
> ——约翰·洛克菲勒（John Rockefeller），美孚石油公司创始人

新业务分为两种情况，第1种情况是尚不存在，企业需要强大的非连续性创新能力（如从iPod、iPhone到iPad 3种产品就属于非连续性创新或蛙跳式创新），需要从0开始开创，如在数码相机、手机出现之前，这类产品的市场并不存在。第2种情况是产品市场已经存在，企业需要评估自己是否需要进入该新市场，这时就需要新的方法论和分析框架。笔者经过思考，绘制了一个新的思维框架，命名为新市场蛙跳战略矩阵或非连续性创新战略矩阵，如图3-2所示。

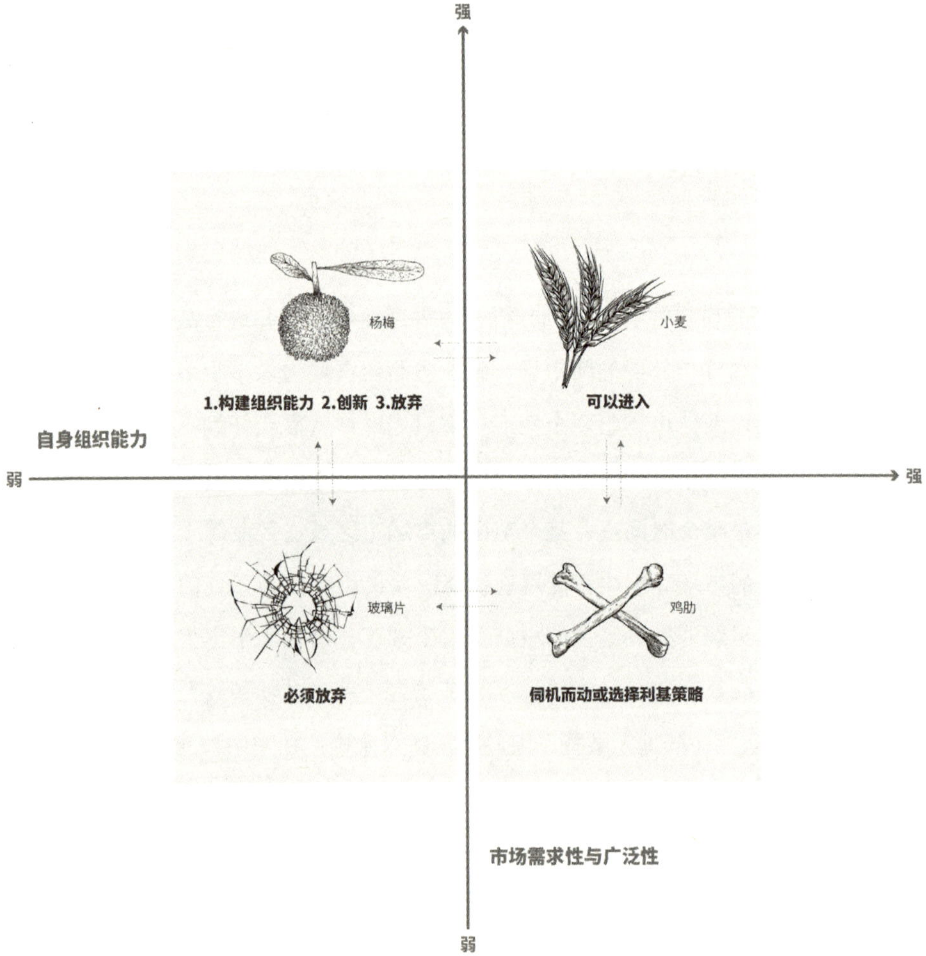

图3-2 新市场蛙跳战略矩阵

根据新业务的市场需求性与广泛性的强弱，以及公司自身是否具备从事新业务的组织能力的强弱，分为4个象限。

第一象限为市场需求性与广泛性较强且公司自身开展新业务的组织能力也很强（如团队组织能力出现冗余：团队大量成员具备开拓新业务的经验、团队对于市场有充分了解和经验、可以迅速组建一个齐装满员且符合胜任力要求的新业务团队等），则这个新市场可以进入。这个象限用小麦作为象征物，小麦的需求性与广泛性很强，且大部分人都有种植能力。

第二象限为潜在市场规模大，但公司自身开展新业务的组织能力较弱，则公

如果你要成功，你应该朝新的道路前进，不要跟随地走被踩烂了的成功之路。

——约翰·洛克菲勒，美孚石油公司创始人

司有几种选择：发展自身组织能力，进而使之成为第一象限业务。采用创新手段、工具解决自身能力不足问题，如“草船借箭”式合作，借助合作伙伴的能力弥补自身的能力不足。**在现在的商业环境中，重要的不是自身能力的强弱，而是整合多少外部资源为自己所用的能力**。如果以上两种办法评估不可行或代价太高，则只能放弃。这个象限的象征物为杨梅，源自成语“望梅止渴”，远方的杨梅再好吃再止渴，也需要自身有能力到达远方。

第三象限是潜在市场规模较小且公司从事新业务的组织能力也弱的情况，这种情况必然是果断放弃。这个象限的象征物为玻璃片，要吃玻璃片的人很少，而且具备吃玻璃片能力的人凤毛麟角。

第四象限是潜在市场规模较小，但公司从事新业务的组织能力较强的情况，这种情况的选择是伺机而动：等待这个市场做大，或者判断这个市场未来有做大的可能性时提前进入培育市场，占领市场份额。如果属于利基（Niche）[1]市场即小众市场但有获取利益的基础，则需要通过评估公司整体战略来权衡进入的必要性。

通过新市场蛙跳战略矩阵思维框架，可以很容易发现组织能力对于目标市场迁移能力的关键作用，而这个能力又事关组织的长期生存力。因此，人们**衡量一家企业优劣时，不能仅看财务绩效（更多代表组织过去的成绩），还要评估组织的健康度（这决定组织未来的发展潜力）**。如果一家公司良好的财务业绩建立在组织健康度下降基础上，其实是饮鸩止渴、得不偿失，透支未来的生命力而换取当下的利益。在投资界有一个共识：当前股价由公司的未来绩效预期决定，而不是过去和当下的业绩，但是通常上市公司呈现给市场的恰恰是过去的财务信息，这些信息其实完全无法预测公司的未来。**未来最成功的企业是能够快速变化、适应新环境而且很快建立核心优势的公司，这就需要不断培育构建自身组织能力。**

1 Niche一词来源于法语。法国人信奉天主教，在建造房屋时，常常在外墙上凿出一个不大的神龛，以供放圣母马利亚。它虽然小，但边界清晰，洞里乾坤，因而后来被用来形容大市场中的缝隙市场。在英语里，它还有一个意思，是悬崖上的石缝。人们在登山时，常常要借助这些微小的缝隙作为支点，一点点向上攀登。

伟大的事业，需要决心、能力、组织和责任感。

——亨利克·易卜生（Henrik Ibsen），挪威戏剧作家

新市场处于哪个象限并不一定是稳定不变的静态，而是不断演进的，每一个象限都有向其他象限演进的可能性，大部分情况下这种演进是由市场自身的规律决定的。只有一种情况，第二象限的新业务在公司自身发展了组织能力时可以有效地演进到第一象限，企业就能创造巨大的收益和无限的可能。因此，本质上进入新业务市场的**组织能力是企业掌握自身命运的能力**。

进入新市场的组织能力包括以下能力。

高效组建新业务的卓越团队的能力：新业务团队数量上匹配（齐装满员）和质量上匹配（知人善任），前者需要在招聘速度和内部选拔效率上有保证，后者需要在选才的效度和培训发展的效率上有较高的水准。

构建板凳深度的能力：构建人才供给线的健壮性能力，这需要企业在面临战略选择时在人才储备库建设上不能临阵磨枪，而是做到兵马未动，粮草先行。

有效管理系统和机制：新团队即使能招之即来，但也不一定能来之能战。团队进入高效生产和协作状态需要一定时间周期，而这个时间周期在特定市场则是生死攸关的，如移动物联网领域日益表现出赢家通吃的特征。当新浪微博取得第1名后，其他微博都只有死路一条。项目团队需要在初期“把油门踩到底”，尽快取得市场份额领先优势，锁定胜局。新团队需要相应的胜任力、职能组合、协作机制和流程，并确保团队中的人才都是“正确的人坐在正确的位置上”。如果要确保团队的高度敬业，并能确保团队如同一个新机器迅速完成发动、试车、磨合，进入最大功率输出状态，则组织需要准备一套行之有效的管理系统。在组织中，一般会遵循“新人做老事、老人做新事”的原则。新人做公司内曾经有人做的事情，很容易得到其他人的指导和建议，可以像走捷径一样迅速成长，而老人做老事很容易因为没有挑战而陷入倦怠，因而通过做新事获得挑战感，并获得新经验和新技能。

卓越的领导团队和领导力：新业务的风险和挑战巨大，没有先例和经验可循，一切靠探索，只能“摸着石头过河”。新业务团队需要有丰富管理经验的领导者，带领新团队穿越暗礁险滩。而且新团队往往“兵不知将、将不知兵”，要在短时间

内就能让新团队发挥战斗力，需要领导者的智慧和高超的管理技巧。然而，现实中“千军易得，一将难求”，需要企业在领导力发展和领导人才储备库建设上做到未雨绸缪。从本质上来说，新业务拓展是建立在组织领导力的冗余基础上的。

灵活与持续动态的调整能力：新业务往往与老业务有本质的不同，如不同的市场环境、不同的客户、不同的对手、不同的模式，因此往往需要与老业务完全不同的行动方式、做法。过往的最佳实践不再适用了，组织需要持续快速试错、快速反馈、快速调整。

本章小结

（1）波士顿矩阵帮助企业经营管理人员评估判断现有业务的状况并做战略选择，新市场蛙跳战略矩阵则用于判断进入新业务市场的可行度。

（2）对于现有业务组合的战略取舍，企业有投入、维持、获取和丢弃4种选择。

（3）目标市场迁移能力是组织能够基业长青的核心竞争力。

（4）重要的不是某个时间点、某个范围的市场（区域或行业等）具有优势，而是连续不断在不同的市场环境中都能展现优势。

（5）在现在的商业环境中，重要的不是自身能力的强弱，而是整合多少外部资源为自己所用的能力。

（6）衡量一家企业优劣时，不能仅看财务绩效（更多代表组织过去的成绩），还需要评估组织的健康度（这决定组织未来的发展潜力）。

（7）未来最成功的企业是能够快速变化、适应新环境而且很快建立核心优势的公司，这就需要不断培育构建自身组织能力。

（8）组织能力是企业掌握自身命运的能力。

（9）企业进入新市场的组织能力包括高效组建新业务的卓越团队的能力、构建板凳深度的能力、有效管理系统和机制、卓越的领导团队和领导力、灵活与持续动态的调整能力。

波士顿矩阵与新市场蛙跳战略矩阵的思维对比如表3-1所示。

表3-1　波士顿矩阵与新市场蛙跳战略矩阵的思维对比

	波士顿矩阵的思维	新市场蛙跳战略矩阵的思维
框架设计维度	销售增长与相对市场占有率	自身组织能力与市场需求
策略	投入、维持、获取、丢弃	构建组织、创新、伺机而动、放弃
衡量标准	财务绩效	财务绩效+组织健康度

第 4 章

THE PARADOX OF TIME AND PRODUCTIVITY

时间与生产力的悖论

1

欲罢不能的信息过载

信息的传播、扩散从未如此迅速，海量信息通过越来越先进、快速的电子设备将人们裹挟其中，一方面，人们不得不面对扑面而来的各种邮件、社交信息……另一方面，人们也在每天主动刷手机，访问微博、微信公众号、抖音。对于信息的大轰炸，人们是被迫如此还是想要如此？答案是两者皆有。一方面，越来越多的信息让人们心烦意乱；另一方面，人们越来越频繁地打开手机，当手机断电几分钟后，大部分人都会坐立不安、异常焦躁。电子设备已经成为人类器官的重要衍生，成为人们和外部世界的信息接口。对于外部世界的动态和新奇信息的需求让人们的身体和精神处于一种饥渴状态。

一项来自美国的研究发现，220名大学生中只有3名可以忍受手机连续关闭72小时。当人们打开手机发现微信没有他人发送的新信息时，甚至会表现出失落、轻度抑郁，而越来越多的信息又让人们无法招架、不堪重负。

今天，几乎在城市中的每个人都表示极为繁忙，并因此表示有压力和焦虑感。调查显示，超过90%的白领表示“信息过载导致无法工作”。有趣的是，人们对于信息干扰和分心逐渐从无法容忍变成了渴求，这是新时代的信息“斯德哥尔摩综合征”。人们沉迷于新的信息，却对身边事物熟视无睹，没有闲暇、无法停歇、终日忙碌，以至于没有时间思考身在何处，前往哪里。社交网络与新一代通信软件提供了便捷的沟通，也让传统信件、电子邮件的长文沟通方式改成了碎片式的交互，人们不再需要优美的辞藻，而是追求简明扼要，甚至有时只愿意用表情符表达含义。同时传统博客（Blog）正在日渐沦为古董级产品，人们青睐更短小的微博等。虽然YouTube、优酷这些传统视频网站没有明显表现出衰落迹象，但是人们的时间更多转移到抖音这种只有短短15秒的短视频平台。无论是文字还是视频形式，**人们发出和收到的信息的长度缩短和碎片化是这个时代的主要趋势之一**。今天人们工作和生活的主要特征是“支离破碎”。

现在，人们观看各种屏幕的时间较10年前大幅度延长，但是注意力的持续时间越来越短，人们在短短几秒内就会把兴趣转移到另一个图片、视频、商品上，而在处理工作任务时，因为电脑和手机上弹出的各种信息、呼入的电话，平均不足3分钟就会发生一次注意力的转移。美国管理学家和社会科学家、经济组织决策管理大师赫伯特·西蒙（Herbert Simon，1916—2001）将此称为“信息富有致使注意力贫乏”。人们的注意力越来越分散，以至于集中注意力越来越难，这直接导致了一个结果：人们越来越难以平心静气地读书。近10年来人们的平均图书阅读量显著减少，大部分人甚至近一两年没有完整阅读完过任何一本书。但是图书销量未曾大幅度降低，原因是人们通过购买书籍来缓解自己不阅读导致的知识焦虑，通过购买并放入书架假装已经阅读来获得心理慰藉，所以图书已经蜕化为知识焦虑症的一种解药。

信息的繁荣造就了关注的稀缺，需要在过多的信息源中更有效地配置关注。

——赫伯特·西蒙，美国管理学家和社会科学家、经济组织决策管理大师

人们的注意力在分散、效率在下降，同时被迫进行多任务处理，这进一步降低了效率。研究发现，多任务处理会导致增加50%以上的错误概率，这种工作方式等同于酒后驾驶。这些最终导致了绩效下降，于是企业倾向于采用“996”这样的工作制弥补生产力的损失，经过长时间的工作后，员工普遍表示疲惫不堪。“心智和认知带宽”（Cognitively and Mental Bandwidth）耗尽，处理复杂事务、深度思考、创意创造的能力，以及专注力、自控力几乎全部丧失，同时烦躁情绪、懊恼情绪，以及挫败感激增，人们感觉无论如何努力、奔跑依然追赶不上进度的要求。**信息过载，剥夺了人们独立思考的时间，导致倾向于简单选择和短期导向，最终使得组织长远思维和创造能力消失。**

办公场所的人们越来越依靠咖啡来获得激情、愉悦和兴奋感，让自己心理上获得强大、高效、控制感，长此以往越来越多的人表现出对于咖啡因的脱敏症状，于是饮用越来越多的咖啡。此外，一项研究发现令人震惊的社会趋势：街头的急匆匆或看着手机屏幕行走的人们甚至同情心减少，对于街头艺术家、乞讨者的关注显著减少，人们表现得越来越自我、自私和冷漠。

信息的繁荣造就了关注的稀缺，需要在过多的信息源中更有效地配置关注。

——赫伯特·西蒙，美国管理学家和社会科学家、经济组织决策管理大师

2

粘在办公椅上的人

在“金钱永不眠”的金融业和“把油门踩到底” 的互联网行业，人们的工作时间普遍超过了每周70小时，拼命追赶的压力不仅来自上司、任务本身，也来自同事。工作的强度达到了人们的极限，某种程度上这一风潮是“科学管理”兴起后流水线上高强度、高压力工作的一种复辟。长时间工作直接导致白领猝死、过劳死的现象频频出现，同时也在侵蚀着员工的生理和心理健康。微软曾做过一项调查，员工每周高效工作时长不会超过25小时，而延长每周工作总时间，高效工作时长反而会缩短。

过度疲劳不仅导致绩效下降，而且导致员工认知失调、错误率激增，导致需要耗费更多时间弥补错误和损失，人们普遍感到焦虑、紧张，并难以获得愉悦感和兴奋感。移动设备提供的强大传输功能如藕断丝连般让人们时刻和办公室保持着联系，这直接导致压力增加。研究发现，经济越发达地区的生育率越低就是源自于此。长时间忙碌的压力导致越来越多的睡眠障碍和抑郁，睡眠匮乏对于工作造成的后果无异于酗酒。长期高压工作，如同竭泽而渔，最终可持续性丧失。

> **当你长大后，会被塞进一个叫小隔间的容器里。残酷的压迫会压弯你的脊梁，摧毁你感受快乐的能力。老板通过教你害怕来催你奋进。**
>
> ——呆伯特，漫画人物

每周工作时间超过40小时后，人们的绩效和生产力普遍出现边际效应递减的规律，而超过60小时后，由于认知失调和错误率增加反而导致生产力下降，所以控制工作时长、让员工从长时间无止境的加班中解脱出来，会让公司和员工双方受益。**适度的压力可以提高绩效，过度的压力只能适得其反。**这并不是呼吁人们变得懒惰、松弛，而是充分认识精力和认知资源的有限性，过度使用如同弹簧长时间拉伸，结果只能是丧失功能，而所有**员工的精力和认知资源是组织最重要的人力资本。**

长时间工作导致的疲劳，也导致人们自律、自控、集中注意力的能力在下降，甚至难以认真、有效阅读完一篇文章。集中注意力已经成为今天人们最需要培养的能力。心理学家认为，能够控制注意力的人感受到的挫折、悲伤情绪更少、更短暂，因为他们能够从负面事务中转移出来。

能够一次又一次自发地将游走的注意力抓回来，从根本上体现一个人的判断力、性格和意志。

——威廉·詹姆斯（William James，1842—1910），美国心理学之父、美国本土第1位哲学家和心理学家

注意力自控不是先天的，而是后天习得的，人们可以通过冥想练习和正念课程训练自己。这项能力是人们达到最高效状态——心流（Mental flow）的前提。心理学家米哈里·契克森米哈赖（Mihaly Csikszentmihalyi）定义心流是一种将个体注意力完全投注在某活动上的感觉，心流产生时会有高度的兴奋感及充实感，同时人处于最高效状态。他认为有心流发生的活动有以下特征。

（1）人们倾向去参与活动。

（2）人们会专注一致地参与活动。

（3）有清楚目标。

（4）有立即回馈。

（5）人们对这项活动有主控感。

（6）在从事活动时忧虑感消失。

（7）主观的时间感改变，如可以参与很长时间而感觉不到时间的消逝。

（8）不断优化跨越障碍的能力。对于所参与的活动是力所能及的，且具有一定挑战性，人们可以通过不断的练习来提升清除障碍的能力。

作为管理者，要做的不是滥用员工的心智和认知带宽，无谓地延长工作时间，而是通过控制时间长度，帮助员工调适工作状态，从而达到最高效的生产力和绩效产出的最大化。

本章小结

（1）人们发出和收到的信息的长度缩短和碎片化是这个时代的主要趋势之一。今天人们工作和生活的主要特征是“支离破碎”。

（2）长期从事高负荷、长周期的工作，人们的“心智和认知带宽”耗尽，处理复杂事务、深度思考、创意创造的能力，以及专注力、自控力几乎全部丧失，同时烦躁情绪、懊恼情绪，以及挫败感激增。

（3）信息过载，剥夺了人们独立思考的时间，导致倾向于简单选择和短期导向，最终使得组织长远思维和创造能力消失。

（4）过度疲劳不仅导致绩效下降，而且导致员工认知失调、错误率激增，导致需要耗费更多时间弥补错误和损失，人们普遍感到焦虑、紧张，并难以获得愉悦感和兴奋感。

（5）适度的压力可以提高绩效，过度的压力只能适得其反。

（6）员工的精力和认知资源是组织最重要的人力资本。

（7）心流是一种将个体注意力完全投注在某活动上的感觉，心流产生时会有高度的兴奋感及充实感，同时人处于最高效状态。

时间变迁带来的认知变化如表4-1所示。

表4-1　时间变迁带来的认知变化

	过去的认知	未来的认知
信息获得形式	长、整段	短、碎片
信息处理方式	独立深度思考	简单选择和短期导向
心智和认知带宽	滥用，无谓延长	控制使用时常，调适工作状态

第 5 章

THE SHATTERED CORNERSTONE AND FLIPPED XY

基石碎裂与XY翻转

1

脆弱的规章制度

2018年11月，知名大V“花总丢了金箍棒”曝光了20多家国内顶级品牌的五星级酒店的卫生状况，发现服务员使用脏毛巾擦马桶、刷水杯，使用同一块脏抹布或脏浴巾、脏海绵擦拭杯子、洗手台、镜面，从卫生间垃圾桶里回收客人丢弃的一次性杯盖，把客人用到一半的洗发水拿来洗咖啡杯……这件事在社交网络上引发轩然大波。显然这些著名酒店对于服务人员的行为管理失控了，虽然这些酒店集团都有着完备的规章制度、工作流程，但是没有起到丝毫作用。一个无法监督的规章制度、工作流程只是一些束之高阁的废纸而已，并不能约束员工的实际行为。如果对每一个服务人员，都安排一个人对其工作进行现场监督，那么客户服务成本理论上就会增加一倍，而如果考虑监督人员本身可能消极怠工低效，那就需要对于监督人员进行监督，如此循环往复，服务成本将无穷尽，客观上来说，没有任何公司可以承担这个成本。而过去的组织在规模不断扩大的过程中，总是不断增加越来越多、越来越具体的规章制度和流程，试图把员工的一切都规范好、约束好，但其实这一切都是徒劳的，甚至事与愿违，“上有政策，下有对策”，结果无非只是增加更多管理成本而已。这说明规章制度、工作流程永远无法做到无孔不入、全方位、全天候、无死角地监督、约束员工的行为，但是无法监督、约束，处于失控状态，企业就处于高度危险状态，因为失控的恶意行为所产生的任何严重的经济、社会、法律后果都由企业承担。

在工业时代，工人集中于厂房，在流水线上做着简单重复的事情。有一种岗位叫监工，他们是防止员工行为失控的重要保障力量，而在数字时代、服务经济下，现在的员工不再愿意在外部高压、严格监督下工作了。制度、流程、监督、检查这些做法本质是工业时代的管理方式，是基于“科学管理”（弗雷德里克·温斯洛·泰勒，Frederick Winslow Taylor）和“X理论”（道格拉斯·麦格雷戈，Douglas McGregor）的。

我们的体系不需要人们发挥主动性，我们根本就不需要主动性，我们只需要人们服从我们的命令，按我们说的做，手脚麻利。

——弗雷德里克·温斯洛·泰勒，《科学管理原理》的作者

所谓“X理论”本质上就是对人的假设。人是管理学的研究对象，因此需要有一个前提假设。例如，从物理学角度来看，水的沸点是100℃，但这里有一个前提假设就是在一个标准大气压下。同样经济学也有一个对人的假设，并把这个假设命名为“经济人”（Homo Economicus），即假定人的思考和行为都是理性的，唯一的试图获得的经济好处就是物质性补偿的最大化，简单说就是假设人是理性且自私的，基于此开展经济学的研究。“经济人”的概念来自亚当·斯密（Adam Smith）的《国富论》，约翰·穆勒（John Mill）在此基础上总结出“经济人假设”，最后维弗雷多·帕累托（Vilfredo Pareto）将“经济人”这个专有名词引入经济学。这一假设直到1978年才被推翻，当年诺贝尔经济学奖得主赫伯特·西蒙修正了这一假设，提出了“有限理性”概念，认为人是介于完全理性与非理性之间的“有限理性”状态。

哈佛大学心理学教授埃尔顿·梅奥（Elton Mayo）于1933年和他的两个同事——罗斯利斯伯格（Roethlisberger）和迪克森（Dickson），在坐落于美国芝加哥郊区的西方电气公司的霍桑工厂进行了一项管理学历史上的开创性研究，目的是观察和发现不同工作条件对于装配线上工作的女工的影响。研究发现，随着基本工作条件的逐步改善，如提供更多的工作间歇休息时间、更好的照明、更多自主开展工作的机会等，女工的绩效呈现明显的正相关。甚至在实验结束后，当这组工人重回以前的工作条件时，生产率也比以前提高了。什么驱使她们表现得更好了？

（1）她们获得了领导层的重视，而不是当成机器的延伸。

（2）拥有了一定自主权后，她们觉得自己成了工作的主人。

（3）同事间更多的接触让她们获得了更多的友谊，工作变得更加愉快。

霍桑实验得出了重要的真理：**员工被更加重视、更加人性化地对待、更多地赋予自主权时，绝大多数人都愿意做得更多、更好。**这一试验也颠覆了管理学中对于人的基本假设。哈佛大学心理学家罗伯特·罗森塔尔（Robert Rosenthal）和旧金山一所小学的校长勒诺·雅各布森（Lenore Jacobson）通过试验发现了“皮格马利翁”

效应：受到重视和认可的学生因为外部认可、赞美这些正向刺激而信心大增，学习积极并出现更好的学习成绩。**虽然盲目自信和过度乐观导致做出蠢事，但是乐观能激发个体的潜能。**

1957年，美国著名的行为科学家道格拉斯·麦格雷戈在文章“企业中人的方面”中，基于“经济人”的人性假设提出“X理论”和“Y理论”，也可以把“X理论”理解为“性本恶”论。“X理论”为将人性假设为厌恶工作、逃避责任的理论。

“X理论”以下面4种假设为基础：

- 人类本性好逸恶劳；
- 多数人必须用强制办法乃至惩罚、威胁，使他们为达到组织目标而努力；
- 缺乏雄心壮志，不愿承担责任；
- 绝大多数人只有极少的创造力，反对变革。

> **他除充当一部机器外，没有时间做别的。**
>
> ——亨利·戴维·梭罗（Henry David Thoreau），《瓦尔登湖》的作者

而“Y理论”则有着完全不同的人性假设，也可以理解为“性本善”。

- 一般人并非天生好逸恶劳，恰恰相反，工作是一种满足的来源。
- 促使人朝向组织的目标而努力，外力的控制及惩罚的威胁并非唯一的方法。人为了达到本身已承诺的目标，自会“自我督导”和“自我控制”。当然自我控制能力的高低决定于个体的自律能力和环境的复杂度。
- 人对于目标的承诺，就是由于达到目标而产生的一种回报，这种回报中最具意义的是自我需要和自我实现的满足。
- 只要情况适当，一般人不但能学会承担责任，而且能学会争取责任。规避责任、缺乏志向，是后天影响所导致的。
- 主动采取创造性办法来解决组织上各项问题的能力，是大多数人均拥有的能力。

“X理论”很大程度上是工业时代对于人性的假设：人是消极、被动的，需要通过规章、制度、流程来监督、控制、管理。这个假设是工业时代人力资源管理的基石，而数字时代到来时这个基石碎裂了，组织需要基于“Y理论”对于人性进行假

设，也就是人是积极、主动的，对他们的管理方式需要转变为运用价值观去激发、影响、赋能。这是一个对于人性假设的伟大转变，也是管理学底层哲学的伟大革命。

> **未来的工厂只有两个员工，一个人和一条狗。人的职责是喂狗，狗之所以在那儿，是为了防止人触碰机器。**
>
> ——沃伦·本尼斯（Warren Bennis），学者

企业的价值观，是指应对挑战过程中积累的很多经验，这些经验沉淀下来，成了选择的依据。法国社会学家埃米尔·杜尔凯姆（Emile Durkheim）认为："如果人们看不到自己属于任何更高的组织，他们就不能附着于更高的目标，不能服从某种规则，不能将自身从所有社会压力下解放出来，他们会抛弃自我，并堕落。"也就是说，如果没有使命和愿景，人们就会追求肤浅和自私的短期快乐。**价值观应该抑制而非增加组织内个体懈怠、堕落、作恶的可能性。**

> **使命感比个人成就动机更重要，它是避免权宜之计和不正当行为的必要保证。**
>
> ——加里·哈默（Gary Hamel），著名管理学家

“使命感比个人成就动机更重要，它是避免权宜之计和不正当行为的必要保证。”

——加里·哈默，著名管理学家

2 “科学管理”时代与伟大的凋零

除“X理论”和“Y理论”以外，很大程度上，工业时代管理哲学的基石是马克斯·韦伯（Max Weber）定义的“科层式组织”和弗雷德里克·温斯洛·泰勒的“科学管理”。组织的终极追求是效率，权力来自组织赋予，任务是自上而下分配的，员工需要有服从性，不需要有太多的创造力，甚至不能有创造力。例如流水线上，公司真正用的是员工的双手而非大脑，不需要员工采用各种方式去拧螺丝钉，只需要用最高效率的标准方式循环往复即可，本质上就是把人当成机器一般。弗雷德里克·温斯洛·泰勒毕生致力于与浪费的动作、错误的流程、低水平的标准、人岗不匹配做斗争，他认为：**只有强制执行标准化工作方法、强制使用最优化的工具、强制塑造最佳工作环境、强制保证工人协作，才能实现高效工作法，这些强制执行工作是管理人员的责任**。管理人员通过指挥、控制、监督，强制性地把一群人黏合在一起协作。这种工业化的管理方式极大地推动了工业时代的生产力。这种管理方式也在演进，今天你已经不可能看到在工厂里拿着皮鞭的监工了，因为没人愿意被强迫地工作，不愿意被奴役，也没人为了工作忍气吞声、忍受屈辱了，他们有自己的思想，有着对于自由的向往。但是，科学管理直到今天并没有消亡，只是从**工厂的流水线变成了办公室里的流程，看得见的流水线把蓝领固定在工位上，看不见的流程把白领固定在节点上。**

> **科层制的目的是弥补不作为和缺乏纪律的缺陷，这些缺陷之所以存在，很大程度上是因为你不能一开始就选择正确的人。**
>
> ——吉姆·柯林斯（Jim Collins），《从优秀到卓越》的作者

泰勒对于效率的极度执拗和沉迷源自他的经历，虽然出生于费城的富贵家庭，并在欧洲留学3年，他却放弃了白领工作，而到液压工厂当了一名学徒。这段经历让他深入地了解了工人的工作态度。但这段经历没有激发他对于这群人的关心、同情，而加剧了对他们的反感。他认为这些人好逸恶劳、消极怠工，同时认为资本家

和管理者对于高效工作毫无意识，并且束手无策。结束学徒生涯后，泰勒到了米德尔维尔钢铁公司，成了“车间魔鬼”和工人的敌人，每天训斥工人并和工人粗鄙地对骂。离开后，他决定改变这种敌对做法，并且认为解决问题的关键不是在工人身上而是在办公室那些无精打采、松松垮垮的管理人员身上做文章。他将管理人员分为多组，专门绘制工人的操作流程，寻找低效操作和多余动作。为了确保快速有效工作，他安排专人用秒表给工人每项操作计时，然后他对每项工作进行分解，给分解后的每个模块设定标准速度。同时他还将薪酬体系弹性化，根据工人在一定时间内完成的模块数量来计算，多劳多得。

泰勒不仅通过分工来提高效率，还把工人从集体中“解放”出来。他认为工人应该是独立的，彼此利益应该是分开的，每个人为自己的薪酬负责。工人之间是相互竞争关系，并没有什么集体利益。他并不是为了工人个体谋取福利，相反他认为：“过去人是第1位的，未来体系才是最重要的。”泰勒实际上是将工作系统拆分成零碎的任务，并牺牲了工人对于工作和系统的理解，也就是用系统中个体的愚蠢化换取了效率。1910年11月10日《纽约时报》头条赫然刊登的标题“铁路每天节省100万美元 科学管理实现此事”，让泰勒一夜之间名声大噪，甚至“十月革命”后，苏联《真理报》（*Pravda*）也刊登一篇文章给予肯定，文中提及：泰勒的系统取消了多余和不当的操作，详细制定了正确的工作方法，苏维埃共和国必须不惜一切代价采用其中一切有价值的科学和技术成果。

我们并非不幸地受制于命运摆布，动弹不得。组织是人创造的，也能被人改造。

——威廉·怀特（William Whyte），作家、《组织里的人》的作者

泰勒对自己的理论进行了系统总结，完成了《科学管理原理》（*The Principles of Scientific Management*）这一管理学历史上具有里程碑意义的书籍。他也成了商业界狂热崇拜的对象，信徒们把其理念当成了一种信仰。而另一方面，他也成了另一群反对的人怒骂和鄙夷的对象，因为他们认为剥夺了工人休息、自己安排工作的权利，也让工人处于过度紧张的快节奏压力之中，变得筋疲力尽。泰勒主义最后被形象化为一个穿着白衬衫拿着秒表的男人。传说泰勒在早晨的第1件事便是给手表上发条，而在他59岁生日的凌晨，护士走进他房间时，他已经离开人世，手中握着他的表。

泰勒主义大幅度地提高了效率，但也让工作变得单调、无趣和超负荷，这些非人性化原因导致了愤怒、烦躁、不满，进而出现罢工、高流失等一系列的恶果。

> **如果管理层不将员工视为有价值、独特的个体，而是看作用后可择弃的工具，那员工也会仅仅将企业看作发工资的机器，除此之外，再无其他价值或意义。在此情况之下，员工很难做好工作，更别提乐在其中了。**
>
> ——米哈里·契克森米哈赖，著名心理学家

如果管理层不将员工视为有价值、独特的个体，而是看作用后可择弃的工具，那员工也会仅仅将企业看作发工资的机器，除此之外，再无其他价值或意义。在此情况之下，员工很难做好工作，更别提乐在其中了。

——米哈里 · 契克森米哈赖，著名心理学家

3

组织的“黏合剂”

现在，世界进入了数字时代，今天的员工服从性已经远远低于历史上的任何一个时期，这是人们必须认识到的一个重要的社会学底层规律的颠覆。现在的员工对于权力、权威有着本能的抗拒，对于自上而下的命令有着天然的抵触，他们倾向于挣脱规章、制度、流程的束缚。因此，如果组织要使他们产生更高绩效，要做的不是更多地施加外在压力和增加约束，而是要激发他们的内驱力，同时让他们自律。自律能力有时不是天生具备的，而是受人所在群体影响的。所谓“近朱者赤，近墨者黑”，如人们在上学时，所在宿舍的所有同学都在看书温习，人们就会倾向于也去看书温习，反之如果大家都在玩游戏，人们也会倾向于玩游戏。“出淤泥而不染”之所以被赞颂，本质上就是因为少见。

一群人形成的群体环境会对人们的行为产生无形的压力和约束，心理学上认为群体中的个体如果有与全体不一致的想法、行为，就会自然产生“孤立感”“挫折感”，然后就会自然而然改变自己的观点、行为，与群体中的优势意见保持一致。当群体有了一致的行为模式时，价值观就形成了，它会在无形中影响新加入群体的每一个个体。在无监督时价值观对于群体中的个体可以起到指引、约束、激励和驱动的作用，使个体形成主动、重复的习惯及情感回应。个体做出符合群体价值观的行为，自身就会获得积极的情感回应，并获得群体的认可，继而不断地强化这样的行为，从而塑造自身的行为模式和习惯。所以从某种意义上来说，群体价值观是一种无形的“场”，潜移默化中改变着个体，它提供了向心力，赋予集体意愿的意义。

当你知道自己的价值观是什么的时候，决策就不再是一件困难的事情。

——华特·迪士尼（Walt Disney），迪士尼公司创始人

规章、制度、流程、监督、检查、考核具有外部强制性，但是永远不能凝聚一

个团队，一旦力量减弱，团队就会变成一盘散沙。价值观具有内部自愿性，一群人有了一致的价值观才有真正的凝聚力，才能称为团队。从某种意义上来说，价值观就是团队的黏合剂。所谓：人在一起叫聚会，心在一起叫团队。**志同则道合，志不同则道不合，道不同则不相为谋**。价值观对于一个团队和组织的重要性不言而喻，但是现实中人们发现很多信息需要重复数十遍才能被团队成员真正听进去。在最初几遍的信息传达时，他们因为繁忙或意识不到重要性而充耳不闻。只有不断地重复他们才会慢慢意识到信息的重要性并有所触动。因此，作为组织的领导者，很重要的一个职能就是要苦口婆心、诲人不倦地重复价值观。宗教信仰者都知道：祷文不因重复而失色。

> **当群体中的每个成员都了解团体目标、清楚认识自身和自己的贡献，并且赞扬他人的能力时，群体就成了团队。**
>
> ——诺曼·希德勒（Norman Shidle），作家

“当群体中的每个成员都了解团体目标、清楚认识自身和自己的贡献，并且赞扬他人的能力时，群体就成了团队。”

——诺曼·希德勒，作家

4

组织的免疫系统与排异反应

作为黏合剂，价值观可以将一定数量的个体黏合成一个团队，同时它也是一个组织的免疫系统，将不符合组织价值观的个体通过自内而外的排异反应排除出去。2009年，阿里巴巴交易平台上爆出2 326名“中国供应商”涉嫌欺诈的消息，并有上百名阿里巴巴的销售人员牵涉其中。马云知道后，认为这件事影响严重，马上开会决定立即成立一个小组来调查，因为诚信一直是阿里巴巴最重要、最珍视的价值观。时任公司CEO的卫哲马上表态负全责并辞职，同时涉及的上百名销售人员全部被开除，而这一切在外界看来是马云的“阴谋”，因为马云对此事的处理过于高调。马云认为卫哲碰触了阿里巴巴的高压线。“这个红灯一亮，谁都跑不掉。当我发现公司内部的员工，对诚信问题的看法居然是可以睁一眼闭一眼的时候，我知道这是大问题。”一家公司如果对其价值观的捍卫越是坚定和执着，表现出的排异反应就越激烈、高调，而这种反应越是激烈，越是有助于强化内部价值观，并得到所有个体的遵从，而对外高调的宣示，某种程度上也会通过外部力量强化内部价值观。

5

以复杂应对复杂的终结

今天，外部商业世界的不确定性越来越强，越来越复杂，而随着企业的发展，组织内部的复杂性也不断提高，领导者必须拥有足够的能力，应对组织内部与组织外部持续升级的复杂性。在工业时代，组织通过增加规章、制度、流程来控制和处理错综复杂的情势，而其副作用就是公司会变得僵化、迟钝、缓慢，抑或通过精细的分工来降低个体的复杂性来提高效率，但工作会变得机械、枯燥、乏味。而未来通过固定的书面条款（以不变应万变或以复杂应对复杂，即以固定不变，或者更多更复杂的制度、流程应对内外部的日益复杂）已经无法适应日新月异的变化，通过精细的分工最后提供的标准化产品将无法满足未来客户个性化、差异化的需求。因此关注原则、信任、赋能和价值观管理是现代领导者最重要的未来思维之一，这是应对纷繁复杂现实的简化和抽象化的应对策略。

> 简单、清晰的目标和原则导向复杂而有智慧的行为，复杂的规则和规定导向简单而愚蠢的行为。
>
> ——迪伊·霍克（Dee Hock），企业家

领导者和员工拥有开放、包容、和谐的理念和价值观，是企业获取竞争优势的重要源泉之一。

> 价值观是引导个体或社会认为某些具体的行为操守或人生终极追求，比与之相反的行为操守或人生终极追求更可取的某种持久信念。而价值观体系则是指偏好的行为操守或人生终极追求的、一些相对重要性不同的持久信念的组合。
>
> ——米尔顿·罗克奇（Milton Rokeach），明尼苏达大学的教授

对于任何组织的领导者而言，如何将价值观付诸实践是管理中最大的挑战之一。价值观管理（Managing By Values，MBV）已经成为组织建立竞争力和可持续发

展的主要推动力。**价值观管理为组织带来3个帮助：简化、传递和承诺。**

（1）将过去通过复杂应对复杂（以更多和复杂的制度、流程应对内外部的日益复杂）的方式简化为原则。

（2）传递组织的愿景和战略。

（3）获取员工实现目标和高绩效的承诺。

> **别人能领导你的唯一方式，就是恢复你自身关于方向的信念。**
>
> ——亨利·米勒（Henry Miller），作家

社会学家罗伯特·莫顿（Robert Merton）于1984年提出“自我实现的预言”理论，证明愿景对于人们行为的影响。人们一开始的判断可能是错误的，但是根据这个错误的判断激发的新行为，可以让错误的判断变成真实的结果。

简单、清晰的目标和原则导向复杂而有智慧的行为，复杂的规则和规定导向简单而愚蠢的行为。

——迪伊·霍克，企业家

6
价值观的新趋势

科技界有一个“大神”级的人物叫安迪·鲁宾（Andy Rubin），正是他发明了鼎鼎大名的手机操作系统“安卓”（Android），这一操作系统在今天已经占据了移动端大部分市场份额。其实有趣的是安迪·鲁宾长得有点像史蒂夫·乔布斯，同“既生瑜，何生亮”的情节相似，生前生性刻薄的乔布斯一直贬损鲁宾，说鲁宾什么都在模仿自己，“剪一样的发型，戴一样的眼镜，保持一样的风格”。还对朋友说：“鲁宾是一个自大傲慢的浑蛋。”安迪·鲁宾创办的安卓交互系统公司被谷歌收购后，在谷歌出任高管。

2014年，他突然离开谷歌并再次创业。4年后的2018年10月25日，《纽约时报》报道了一条重磅消息，剧情有点狗血，表示通过对谷歌内部人士的采访发现，安迪·鲁宾从谷歌离职是因为性骚扰女下属的指控。这名受害女同事实名向谷歌人力资源部门举报了此事。经过调查证实举报无误，因此安迪·鲁宾违反了谷歌内部两项政策，但是谷歌当时并没有直接开除他，反而保全鲁宾，声称其是主动离职，并支付一笔高达9 000万美元的巨额离职金，对整件事也秘而不宣，而且谷歌继续向鲁宾后来创办的公司又投资数百万美元。这篇报道发出前，谷歌CEO桑达尔·皮查伊（Sundar Pichai）刚刚给公司全员发送了一封公司打击性骚扰的相关邮件，表示在过去两年开除了48名存在性骚扰行为的员工，包括13名高级经理以上的人员，这就被严重打脸了。

这就引发了谷歌员工的强烈不满，《纽约时报》发布报道的4天后，谷歌内部200多名工程师计划组织罢工活动，2天后谷歌CEO桑达尔·皮查伊批准了员工罢工，并发表了公开声明表示：“本周，我们让谷歌员工知道，我们已经知晓罢工计划，罢工的员工将得到需要的支持，他们提出建设性意见，希望我们改进，我们接受他们的反馈……”很快引发了谷歌新加坡、日本、以色列、瑞士、德国等20多个谷歌全球分舵员工的纷纷响应，直至11月2日，上千名员工以罢工和集体散步的形式，抗议谷歌管理层包庇性骚扰职工、性别歧视。罢工员工提出5项诉求：

（1）结束骚扰和歧视案件中的强制仲裁；

（2）承诺避免薪酬和机会的不公平；

（3）公开披露性骚扰透明报告；

（4）建立一个流程，用于安全和匿名地举报不端行为；

（5）让首席多元化官直接向CEO汇报，并直接向董事会提建议。

这次罢工引发了全球媒体的关注和争相报道。可以密切注意下谷歌的“安迪·鲁宾事件”的社会背景。自2018年10月以来，从好莱坞突然兴起了“MeToo”运动，并开始在各行各业和很多国家及地区扩散。“MeToo”运动鼓励更多女性将被骚扰的经历公布，从而对不法分子形成威慑，并让更多人意识到性骚扰等犯罪行为对女性群体造成的伤害，以及女性所处的不平等的社会环境，结果很多知名人士纷纷落马。“MeToo”运动也迅速席卷硅谷，谷歌、脸书等科技巨头成为大家所关注和打击的重点，此次安迪·鲁宾深陷舆论旋涡之中。

> **变革的意愿是一股强大的力量，即使它会让公司的某些部门在某段时间内陷入混乱。**
>
> ——杰克·韦尔奇，通用电气第 8 任 CEO

拥有强大的、积极的价值观，并且坚定地去捍卫它是伟大组织和一般组织的主要差异。公司最初的价值观是由创办人的思想状态决定的，也就是他的个人价值观、偏好、信仰、个性等，因此公司也可以理解为创始人影子的延伸。过去，一家公司的价值观最主要、最坚定的捍卫者是创始人和顶层的高管团队，如此前提及的马云开掉CEO和上百名销售的做法，就是在捍卫公司“诚信”的价值观。过去，组织顶层创建了基础价值观后，价值观就会自上而下地被遵从，而谷歌的“安迪·鲁宾事件”让人们看到：企业的底层力量，普通的员工成了比创始人、CEO更为坚定的价值观捍卫者，他们集结在一起，形成新的价值观共同体，产生了一种自下而上的反制力量，要求高层及组织遵从价值观。

在知识经济中，一家好企业是拥有目标的团体，而不是仅仅拥有一堆资产。

——查尔斯·汉迪（Charles Handy），管理思想家

在公司高管因为情感因素、利益等对于价值观的捍卫表现得有些动摇时，员工形成的价值观共同体，通过抗拒、抵制等，迫使公司通过坚定的行动来捍卫价值观。如果公司、高管做不到，这批员工可能就会果断离公司而去，哪怕这家公司是全球最佳雇主。**一旦公司的价值观不能得到高层的有效维护，价值观就会变质，黏合剂作用就会突然丧失。此外，价值观过去是封闭于一个组织内部的，现在则越来越多受到外部社会价值观运动的影响，组织内部价值观与社会价值观会形成物理学上的对流效应（Convection），并产生能量传递。组织内部价值观需要逐渐融入社会价值观，并接受社会价值观的影响，无法孤立地存在和抵触外部社会价值观。**组织价值观从封闭走向开放，在内外部不断地进行交互。

一家生产毒奶粉、毒疫苗的公司是没有价值观或有着负面价值观的，这种公司在今天会被市场、社会、法律严厉惩罚，因为它不符合社会的基础价值观。而且过去有些员工可以为这些有毒价值观的公司工作，但是在现在和未来则越来越难了。一家价值观有毒的公司可能出现无人可用的尴尬局面。内部价值观和外部价值观的影响也会表现在一个价值链上，如今天苹果这样的公司会对其供应链上的供应商、合作伙伴提出很多要求，如不能雇用童工、不能超时工作、工作条件需要达标等，也就是一家公司对于其供应链上所有伙伴强势提出了基本价值观要求，如果不达标就会从供应链上摒除出去。今天，可以看到越来越多的企业要求供应商、合作伙伴必须签署“反商业贿赂协议”，并要求强制遵守。越来越多企业加入了ISO37001反贿赂管理体系，商业系统自发地产生更高的道德标准和价值观要求。价值观作为组织的免疫系统，过去有着“刑不上高管”的潜规则，但是“安迪·鲁宾事件”让人们看到，**价值观共同体超越了权力、层级，要求所有人都必须严格遵从，**安迪·鲁宾这样的大神也概莫能外。价值观的标准要求表现出高度的一致性，并且对于过激、不当、损人利己的负面行为表现出高度的不可容忍特性。

美国学者威廉·詹姆斯认为：人的思想是万物之因。你播种一种观念，就收获一种行为；你播种一种行为，就收获一种习惯；你播种一种习惯，就收获一种性格；你播种一种性格，就收获一种命运。总之，一切都始于你的观念。

本章小结

（1）员工被更加重视、更加人性化地对待、更多地赋予自主权时，绝大多数人都愿意做得更多、更好。

（2）虽然盲目自信和过度乐观导致做出蠢事，但是乐观能激发个体的潜能。

（3）价值观应该抑制而非增加组织内个体懈怠、堕落、作恶的可能性。

（4）管理学意义上，规章、制度、流程的数量多寡与员工行为的规范约束能力强弱并没有正相关的联系，反而会增加管理成本。规章、制度越多则信任越少，信任越少则管理成本越高。

（5）现场监督的高昂成本决定了组织的数量和规模是有限的。

（6）如果对于员工行为没有规范和约束，组织就会处于危险状态。

（7）驱使员工做出正确、积极的行为背后的内在动机，源自其价值观而非规章、制度、流程。

（8）价值观是一种群体默契的信念，决定了个体的思维方式、选择标准和行为模式。

（9）规章、制度、流程、监督、检查、考核是一些外在行为的约束手段，效果是有限的，而价值观是一种内在的约束手段和内驱力，它不需要借助于外部力量就能完成行为的约束和驱动。

（10）规章、制度是开诚布公的，而价值观则是潜移默化的，两者之间不是对立而是互补关系。规章、制度具有外部性、强制性，自上而下地贯彻，无法做到所有人完全遵从，而价值观具有内在性、自愿性，无孔不入。

（11）一个组织的价值观强弱程度决定了成员间的信任多寡和行为约束力。价值观越强，组织内的个体间的信任越多，管理成本也越低。

（12）规章、制度、流程、监督、检查、考核永远不能凝聚一个团队，一旦力量减弱，团队就会变成一盘散沙。一群人有了一致的价值观才有真正的凝聚力，才能称为团队。从某种意义上来说，价值观就是团队的黏合剂。

（13）社会和经济学意义上，公司是一种以营利为目的的有限责任的经济实体和组织形式，通过雇佣把一群人组织在一起为了客户价值而进行协作。

管理学意义上，现在的公司则是一个价值观共同体，在后工业时代、数字时代尤其如此。

（14）工业时代，管理哲学的基石是马克斯·韦伯定义的“科层式组织”、弗雷德里克·温斯洛·泰勒的“科学管理”理论和道格拉斯·麦格雷戈的“X理论”。

（15）“X理论”适于工业时代对于人性的假设，人是消极、被动的，需要通过规章、制度、流程来监督、控制、管理。数字时代更加适用“Y理论”，对于人性的假设是积极、主动的，对他们的管理方式需要转变为运用价值观去激发、影响、赋能。

（16）自律是最好的约束人行为的方式，作为一种内在约束方式，效果远远超越外部的制度、流程，而自律的源泉来自人的价值观。在无监督时价值观对于群体中的个体可以起到指引、约束、激励和驱动的作用，使个体形成主动、重复的习惯及情感回应。

（17）个体做出符合群体价值观的行为，自身就会获得积极的情感回应，并获得群体的认可，继而不断地强化这样的行为，从而塑造自身的行为模式和习惯。

（18）价值观是一个组织的免疫系统，对于不符合组织价值观的行为和个体自发产生排异反应。

（19）价值观管理为组织带来3个帮助：简化、传递和承诺。

（20）拥有强大的、积极的价值观，并且坚定地去捍卫它是伟大组织和一般组织的主要差异。

（21）价值观过去是封闭于一个组织内部的，现在则越来越多受到外部社会价值观运动的影响，组织内部价值观与社会价值观会形成物理学上的对流效应，并产生能量传递。

（22）企业所处的供应链、商业系统正在对自身产生越来越高和越来越多的商业道德和价值观要求。

（23）今天，影响一个组织价值观的不仅有自上而下的力量，还有自下而上、横向和自外而内的力量。

（24）价值观过去有着“刑不上高管”的潜规则，现在价值观共同体超越了权力、层级，要求所有人都必须严格遵从。

过去的基本管理哲学思维与未来的基本管理哲学思维如表5-1所示。

表5-1　过去的基本管理哲学思维与未来的基本管理哲学思维

	过去的基本管理哲学思维	未来的基本管理哲学思维
管理基础	强调制度	强调人本
公司	以营利为目的的有限责任的经济实体和组织	价值观共同体
人性的假设	消极、被动的	积极、主动的
管理方式	通过规章、制度、流程来监督、控制	运用价值观去激发、影响、赋能
组织复杂形势的处理	增加规章、制度、流程来控制和处理	包容、开放，转变为信任、赋能和价值观管理
价值观形态	封闭于组织内部	组织与社会价值观形成对流
商业道德和价值观要求	企业自身	企业所处的供应链、商业系统
价值观的影响方向	自上而下的力量	自下而上、横向和自外而内的力量
价值观惩戒规则	刑不上高管	超越了权力、层级

第6章

CONDITIONING AND INTERNAL EVGINE

条件反射与内部引擎

1

外部激励的缺陷

员工激励一直是人力资源管理研究的重要议题，组织通过对员工进行精神、物质层面的外部激励来解决士气低落、流失率高、生产效率低、绩效不佳、抗拒变革等问题。这个方式基于一个基本的人类倾向于趋利避害的假设，即人类倾向于增加被奖励行为的意愿和频率，减少被惩罚行为的意愿和频率。但是实践表明，管理上的激励行为会引发一系列的弊端。

（1）激励脱敏。医学上治疗过敏症状的一种做法就是通过注射少量变应原，诱使轻微过敏，而不引发明显临床症状，短时间内多次重复后，导致致敏细胞内活性介质逐渐耗竭，从而消除机体致敏状态。一个不经常喝咖啡的人，偶尔喝一杯后会兴奋异常，夜不能寐，而经常喝咖啡的人，就是在晚饭后饮用，也丝毫不会影响睡眠。激励也是如此，“如果—那么”型的**重复激励行为，其效用会出现边际效用递减现象，**变成保健因素而非激励因素，同时产生类似于“上瘾”的负面效果。这迫使组织需要对激励对象反复进行奖励，同时不断提高力度以确保效果。

（2）不存在的绝对公平。考虑“不患寡，患不均”的原因，在激励过程中，稍微出现些许瑕疵就会引发不满，“不公平”成为消极怠工、不作为的最理直气壮的借口。激励措施最后适得其反，引发一系列负面恶果。虽然激励貌似只是激励者和激励对象之间的事情，但是其实不能不考虑对其他第三者的心态影响，而这个世界上不存在绝对的公平、合理。

（3）效用短暂和短期导向。对于一般物质性激励，员工在初期会抱有感激之情，但是周期相对短暂，维持不了3天，就会认为这是自己的应得之物。而精神上的激励，也在很多时候被认为是“口惠而实不至”的。对于激励，被激励的人转瞬就忘，如果看到别人有激励而自己没有，就又会导致失落、委屈甚至怀恨在心，久久无法平复。由于激励效用的短期性，激励措施会进一步倾向用于短期可改善或可以产生短期绩效的行为上，这实际上就变相强化了人们的短期导向。

（4）行为转换率低。有些激励措施，确实让员工心存感激，不过是不是能转化为更加敬业的行为则未必。如果行为层面上没有发生改变，则显然不可能产生更多的绩效优化。

（5）上下级隐性矛盾激化。很多时候，上司做出激励下属的行为需要获得下属的正面反馈。上司激励下属，上司认为是施恩，而下属如果认为理所当然，则上司觉得下属不懂得知恩图报，甚至会责备下属。所以很多时候哪怕下属内心无感，却仍然表演出感恩的态度，以让领导觉得舒心，其实内心百般不情愿，甚至对上司产生不满和仇恨。

（6）难以确保针对性。组织耗费大量成本在节假日发放福利品，希望对员工产生激励作用，但是这些福利品并非员工所需，最后导致耗费了巨大成本，但是起不到任何激励作用。

> **价值由接受者决定！**
>
> ——戴维·尤里奇（Dave Ulrich），密歇根大学罗斯商学院教授、人力资源管理大师

（7）产生逆反心态和消极对待。一旦某些行为和激励建立了必然性，有些员工就会把激励理解为理所应当，激励变成了必需的需求，当没有获得预期的激励时，就会产生逆反心态，对于原本分内的工作，也开始消极对待。

（8）导致内部斗争和不合作。如果只有部分人获得激励，而其他人没有获得，则导致人们为了争夺激励而明争暗斗或互相不合作。如果人人都有激励，则除了产生巨大的成本外，还会引发新的问题：每个人都觉得自己贡献大，而觉得激励不公平。

（9）导致趋利避害。有激励、奖赏的工作很多人争着干，没有奖励但又必要的工作人们避之不及。

（10）导致出现更多负面行为。因为外部奖励的诱惑，有时会刺激部分人为了获得奖励而出现欺骗、短视、危险、损人利己的行为。

价值由接受者决定！

——戴维 · 尤里奇，密歇根大学罗斯商学院教授、人力资源管理大师

> **上瘾者想要快速解决问题，置最终的损害于不顾；撒谎者想要快速出奇制胜，置长远结果于不顾。**
>
> ——丹尼尔·平克（Daniel Pink），趋势专家、畅销书作者

为了避免激励引发的负面效果，组织需要遵循以下几个重要原则。

（1）不轻易设先例。一旦成为先例，以后改变就会产生强烈的抵触和不满，并转变为组织的一项固定成本。行为一旦演变为“条件反射”，缺乏了必要的外部激励“条件”就无法产生正向的行为“反射”。

（2）避免暗箱操作。通过密谈等手段提供激励，避免其他人员知晓具体的激励，这会让组织内部其他人觉得暗藏猫腻，并引发谣言。

（3）避免大张旗鼓。过度的作秀，会使被激励者认为自己像马戏团表演的猴子，只是在配合领导和组织行为，而围观的人则羡慕、嫉妒、恨等，并不能起到预期的激励更多人的效果。

（4）避免偏离目标。让激励对象明确知晓团队、组织目标是什么。激励的原因不仅是要产生正确的行为、良好的绩效，更重要的是实现团队或组织的目标，这样才能确保激励对象和其他人更多关注目标的实现。一旦对牺牲同事或团队利益来实现个人绩效和目标（如抢夺了其他同事的客户）、假公济私、营私舞弊等行为进行了激励，就会导致团队人心涣散。

（5）避免标准多变。没有明确的标准，而是领导酌情决定，导致员工无所适从，员工也更多地理解为领导偏心、有私心。

（6）避免缺乏沟通。缺乏沟通有时会让激励对象不明所以，其他人也觉得莫名其妙。沟通是使激励对象和其他人形成共识、新承诺，更加敬业、更能获得更好绩效的重要方式。

> **花精力激励人基本上是在浪费时间。如果坐在你车上的人是合适的人，他们会自己激励自己。**
>
> ——吉姆·柯林斯，《从优秀到卓越》的作者

伟大并非机缘造成的结果，伟大是自觉的选择。

——吉姆·柯林斯，《从优秀到卓越》的作者

2 第3层驱动力

丹尼尔·平克认为，人类行为的驱动力分为3层：第1层驱动力来自生理需要，如饥饿时需要饮食行为。三国时期，曹操第3次伐吴时，有一次在行军途中天气炎热，士兵口渴难耐，曹操站在山头上指着前面遥远的地方说："前方有一片大梅林。"士兵马上口齿生津，争先恐后地前进，这个中国人都耳熟能详的"望梅止渴"的典故很好地解释了这种驱动力。

第2层驱动力来自外在动机，如做出某种行为后获得来自环境反馈的胡萝卜（奖励）或大棒（惩罚），这本质上就是上文提及的外部激励。例如，团队压力就是一种重要的环境反馈：对于全部考勤状况按照出勤率做出排序，大部分都倾向于减少迟到等缺勤行为，反馈有助于帮助人们改进行为。

第3层驱动力来自内在动机，如人们渴望创造新事物，解决问题，拥有完美主义倾向，以及探索让世界变得更美好的内在需要。但是第3层驱动力比另两种更脆弱，它只有在合适的环境下才能存在。每个人都内嵌了一个自我驱动的引擎，如果这个引擎不运作，那么只能靠外部力量的牵引。

> **伟大并非机缘造成的结果，伟大是自觉的选择。**
>
> ——吉姆·柯林斯，《从优秀到卓越》的作者

行为科学家将人们的工作和学习分为推算（Algorithmic）和探索（Heuristic）两种类型，前者有一套基本的逻辑、算法、规律或流程，这类工作的内容主要就是重复，本质都是无趣的，衡量的主要指标是效率等。后者毫无规章，需要试验各种可能路径，建立逻辑、算法、规律或流程，这类工作的主要内容是思考、创意、创新，衡量的指标是达标、新颖等，这些工作本身就能引发人们的兴趣。哈佛商学院教授特蕾莎·阿玛比尔（Teresa Amabile）教授研究发现：**外部激励更加适于推算型**

工作。探索型工作则适于内在动机驱动，如果施加外部激励，很多时候反而会出现破坏作用。

美国作家、演说家马克·吐温（Mark Twain）认为**工作就是人们被迫要干的事情，而玩乐就是人们义务要干的事情**。在其著作《汤姆·索亚历险记》中描述了一个经典的故事，主人公汤姆接到一个刷栅栏的工作，他灵机一动，当其他路过的小孩嘲笑他时，故意露出疑惑表情，并说这是他千辛万苦求来的工作，是一个特权。路过的小孩开始求汤姆刷几下，却被汤姆拒绝，最后用自己的苹果来交换，汤姆才勉强同意。很快其他男孩都来了，一起掉进了汤姆的圈套中。当人们有着强烈的内在动机时，外部激励、回报变成了可有可无，这就是所谓的汤姆·索亚效应（Sawyer Effect）。有趣的是，心理学家马克·莱珀（Mark Lepper）和大卫·加兰（David Garland）的研究发现：**外部激励会对人们的内在动机驱动产生消极影响，也就是很多时候外部激励和内在驱动不可兼得，并且互斥**。但是有个特例，也就是**外部奖励不会破坏无聊的推算型工作中人们的内在积极性，因为这类工作本来就没有积极性可言**。研究还发现**如果把奖励与高尚、有趣、有创造力的任务混在一起，反而会导致动机丧失和行为减少**，如自愿无偿献血改为有偿献血后，反而导致献血人数减少。

人们发现，很多工作就是给予奖励也不会有人愿意做，或者完全缺乏做的内在动机，但是游戏截然不同，非但没有回报，而且需要愿意付钱，很多人趋之若鹜，玩到废寝忘食。到底是什么让人们产生如此巨大的动力呢？研究者发现，是几个重要的因素在起作用，如果可以对于工作做一定的改进设计，一样可以让人们对工作产生像玩游戏一样的第3种驱动力。游戏具备哪些大部分工作不具备的特征？

（1）自由而非强迫。如同前述马克·吐温所言，一旦一件事情是被迫需要做的，那么人们的内在动机就会丧失，因此给予一定的自由时间、自由的做事方法至关重要，这也是谷歌建立20%自由工作时间制的重要原因。需特别注意的是，授权完全不等于赋予自由。

> **授权并不是自由自主，只是更加文明地控制而已。**
>
> ——丹尼尔·平克，趋势专家、畅销书作者

（2）奖励应该意想不到。游戏中经常出现意想不到的“彩蛋”、各种意外的奖

励。当人们做出某个行为必然得到某个奖励时，人们反而觉得无聊、厌倦，但如果是出其不意得到的，反而会增强继续的兴趣和动机。

（3）随机奖赏。在游戏中，一个行为获得的奖励反馈通常都是随机的，如果一成不变，人们就会丧失继续做这个行为的兴趣。

（4）设立明确的阶段性目标。在游戏中，通过各种关卡来设立明确的阶段性目标，刺激人们解决问题的欲望。

（5）放大成功的快乐。当完成正确动作，或者达到某个阶段性目标之后，游戏就会通过翻动的数字、满屏幕的舞动、四溅的花朵、星星来放大成功的快乐。现在像“今日头条”这样的移动应用也应用了这样的设计，单击留言的大拇指形状的点赞图标，就会产生满屏幕四溅的大拇指图标和手机震动，通过夸张的反馈来激发这个行为背后的更多动机。

（6）持续挑战。每达到一个阶段性目标后，游戏就会提出更高难度的挑战，刺激人们不断去提高和挑战自己。在人们内心中都有着变得更好、精益求精的内在动机。

（7）风险和失败。游戏中设置了各种风险和失败，一般误以为人们大多时候会下意识回避风险和失败，但实际上，这种不会发生什么严重后果的风险会刺激人们分泌肾上腺素，给人刺激、兴奋的感觉，而这种感觉很容易让人“上瘾”，如同很多人喜欢极限运动一样。

如果重新设计工作内容，在工作任务中设置以上的特征元素，可以一样起到激发内在驱动力的效果。同时，工作中如果能再设计一些新的元素，可以起到进一步激发内驱力的作用。

（1）赋予意义和使命感。很多时候人们不见得思考工作结果的意义所在，这是组织需要告知和沟通的。每个人负责的是一个庞大的项目分解后具体的无趣任务，人们确实看不到这些任务背后的意义所在。因此告知组织向客户提供的产品、服务、解决方案带给客户、市场的作用、帮助，以及来自客户的满意度、感激，都会提高员工的使命感。而一家有着明确使命的企业，其成员的内在驱动力会显著优于没有使命的组织。

（2）激发内在需要。2015年，德国和瑞士合拍的高分电影《海蒂和爷爷》中有一个故事情节，一个叫海蒂的小女孩由于一直生活在乡村没有受教育机会，导致不识字。后来到了城市后，老奶奶经常给她讲故事，海蒂特别喜欢。有一次老奶奶讲完一半就不再继续了，告诉海蒂如果想知道故事的结果就自己去识字，海蒂一心想知道故事的结果，就努力认真地学习识字，不知不觉中大为长进。海蒂识字的内在驱动力被自己迫切要了解故事结果的需要激发了。

（3）提供支持。孤军奋战让人觉得孤单、无助，导致丧失继续努力的动力，提供支持给予人们归属感，强大的感觉增强了内在动力。

（4）正面反馈。在任务完成后的第一时间，给予人们正面的反馈会显著提高人们的内在驱动力，要注意的是反馈越注重细节越重要、表扬努力和策略而非达到某个结果越为有效。

（5）制造心流。人们处于“心流”这样的最高效状态有一个重要的前提：人刚好可以完全驾驭工作。当任务难度超越人们的能力时，人们就会变得焦虑；当任务难度低于人们的能力时，人们就会变得无聊、厌倦。因此，给予人们完成工作的适度培训至关重要。

工业时代早期，让人们工作的方式是“强迫”，这本质上把人看成动物或机器一样驱使。到了工业时代晚期，商业文明发展的新阶段，“激励”成为主要推动人们工作的方式，而未来让人们工作的方式主要是“内驱”，人力资源管理者的主要工作就是建立产生内驱力的环境。

本章小结

（1）重复的外部激励行为，其效用会出现边际效用递减现象。

（2）人类行为的驱动力分为 3 层：第 1 层驱动力来自生理需要，第 2 层驱动力来自外在动机，第 3 层驱动力来自内在动机。

（3）工作和学习分为推算和探索两种类型。

（4）外部激励更加适于推算型工作。探索型工作则适于内在动机驱动，如果施加外部激励，很多时候反而会出现破坏作用。

（5）工作就是人们被迫要干的事情，而玩乐就是人们义务要干的事情。

（6）外部激励会对人们的内在动机驱动产生消极影响，也就是很多时候外部激励和内在驱动不可兼得，并且互斥。

（7）外部奖励不会破坏无聊的推算型工作中人们的内在积极性，因为这类工作本来就没有积极性可言。

（8）如果把奖励与高尚、有趣、有创造力的任务混在一起，反而会导致动机丧失和行为减少。

过去的思维和未来的思维如表6-1所示。

表6-1 过去的思维和未来的思维

	过去的思维	未来的思维
工作类型	以推算为主	以探索为主
驱动方式	外部激励	内在动机驱动
驱动方式的基础	条件反射	动机、兴趣、权利、内在动力、行为设计、自由

授权并不是自由自主，只是更加文明地控制而已。

——丹尼尔·平克，趋势专家、畅销书作者

第 7 章

THE ELEPHANT'S DANCE AND REBIRTH

大象的舞蹈与重生

1

凤毛麟角的复兴奇迹

在全球商业历史上，衰败和灭亡是一种常态，而复兴和重振则属凤毛麟角，宛若奇迹。IBM历史上就曾经历这种鲜有时刻，回溯这段历史，可以让人们一窥价值观的伟大力量。

1993年4月1日，愚人节。路易斯·郭士纳（Louis Gerstner）从前任埃克斯手中接过IBM的权柄，担任董事长兼CEO。在纽约希尔顿饭店的新闻发布会上，人们对他充满了好奇：让一位来自食品烟草公司的“外行”执掌全球最大的计算机公司——极为官僚和保守的IBM，这让所有人都觉得不可思议。这一天郭士纳贯穿整个发布会的基调是：我是新来的，别问我问题，在哪儿？有什么解答？我不知道。

此时的IBM已经病入膏肓。1992年，郭士纳上任前一年，IBM亏损高达50亿美元；1993年，郭士纳执掌IBM时，IBM面临着被肢解的危险，这一年IBM的亏损更攀升到81亿美元。但是，郭士纳用短短一年，就力挽狂澜：1994年，IBM扭亏为盈，利润达到30亿美元，并且此后连年丰收。

2 洗澡水和孩子要一起倒掉吗

动作要快，不要怕犯错误，即使犯错误，我们也宁愿是因为行动太快而不是行动太慢了！

——路易斯·郭士纳，IBM 前董事长兼 CEO

一家公司的成败兴亡是公司所有员工行为总和的结果。郭士纳到底做了什么改变了员工的行为？他来到IBM又看到怎样的场景？这要从IBM最初的价值观说起。

郭士纳认为，**一家公司最初的价值观是由创始人的思想状态决定的，也就是他的个人价值观、偏好、信仰、个性等，某种意义上公司也可以理解为创始人影子的延伸**。IBM的创始人是老托马斯·沃森（Thomas Watson），他奠定了IBM的价值观并让公司的价值观制度化，且总结成IBM的基本信仰：

- 精益求精。
- 优质服务。
- 尊重个人。

这些价值观反映在公司的一切制度和员工行为之中，也促成了IBM过去的巨大成功。

一家公司越成功，就会整理并总结自己成功的原因。虽然这是好事，但是随着外部世界的变化，这些规则和指南不可避免地会与外部脱节，这3个价值观也不例外。郭士纳就任后，在公司内看到一系列机械、僵化地遵从价值观的现象，如创始人老沃森当时基于对于客户的尊重，要求员工必须西装革履，并形成了着装规范。但在郭士纳看来，这样机械执行过于呆板，并调整为根据时间场合及对象来决定着装的新规定。他认为，尊重客户才是老沃森最初的意图，不能拘泥于条条框框。他还观察到“优质服务”这一价值观已经从公司与客户的双边互动变成了单向输出行为。“精益求精”这个价值观从过去对于卓越的追求，变成了对于完美的固执迷恋，并导致僵化的企业文化，催生了检查、批准、生效等一系列缓慢的决策过程。

> **大公司欢迎创新和个性化，就如同恐龙欢迎大个头的流星。**
>
> ——呆伯特，漫画人物

当时甚至有一个笑话：“产品不是IBM发布出来的，而是从IBM逃离出来的。”“尊重个人”的价值观已经演变为理所当然的津贴式文化氛围，在这种氛围下，员工个人无所作为也可以获得尊重，甚至逐渐演变为为所欲为。任何人、部门都喜欢说“不”，公司内的不合作成了常态，进而导致部门间各自为政，恩怨越来越多，项目被人为地撕裂，决策被延误，资源则被浪费。“尊重个人”的价值观导致的“不”文化还典型表现为“沉默”，并且在做决策时出现，在决策做出后仍以自己的意愿为主，对于决策置若罔闻。这种“不”文化足以让庞大的系统停止运转，并且导致部门、事业部之间的争斗似乎要比公司与竞争对手之间的竞争更重要和激烈，他们相互隐瞒、争权夺利、讨价还价。当时的IBM变成了一个颠倒过来的世界，“‘客户变成次要的’，做事的出发点是‘我们能做什么’，而不是‘客户需要什么’”。

> **公司文化通常深埋在仪式、假设、态度和价值中。这些东西只会在为了某些原因经历变化的时候，才让身处其中的人清楚地体会到。**
>
> ——罗伯·高菲（Rob Goffee），学者

郭士纳来到IBM时，吃惊地发现公司里没有客户和竞争对手的任何信息，市场份额数据是根据员工想象出来的，员工不关注客户和市场，而是关注内部的职位变动。

> **大企业不是“无所不能”的，它们通常有“五所不能”，即看不见用户、看不起需求、看不懂模式、学不会组织、跟不上市场。**
>
> ——克莱顿·克里斯坦森，《创新者的窘境》的作者

郭士纳提出：“我们能成为这个新时代所需要的公司吗？换句话说，我们是

大企业不是“无所不能”的，它们通常有“五所不能”，即看不见用户、看不起需求、看不懂模式、学不会组织、跟不上市场。

——克莱顿·克里斯坦森，《创新者的窘境》的作者否能够再次领先？我无法想象许多公司在任何行业都能领先两个时代。但我现在可以告诉你，在黑暗的日子里，我们开始相信我们可以改变历史。”经过多年自我强化，由于价值观演化出的这些问题变得越发根深蒂固，难以撼动和摧毁。郭士纳当时开玩笑说：“我们总不能把洗澡水和孩子一起倒掉啊”，即价值观和员工已经错综复杂地纠缠在一起，难以分离，无法简单地去改变价值观这盆“洗澡水”。

“

公司文化通常深埋在仪式、假设、态度和价值中。这些东西只会在为了某些原因经历变化的时候，才让身处其中的人清楚地体会到。

——罗伯·高菲，学者

”

3

封闭的系统呼吸新鲜空气

改变几十万人的思想观念和行为模式难于上青天。无法简单地发动一场革命，取消、推翻原有的价值观，再凭空创造出新的价值观，唯一能做的就是为价值观转型创造条件，要做的是鼓励，并指出现实状况和目标。从终极意义上来说，**不是管理者改变文化，而是管理者邀请员工改变文化、价值观**。郭士纳发现，努力让员工倾听、理解并向目标前进时，还必须告知他们不要做一个盲从者，这不是一个逻辑性和线性的挑战，而是反直觉、以社会心理暗示为中心的并且是感性的，这是一个巨大的挑战。为了让公司成为这样的新物种企业，IBM在诸多方面都进行了改革。从改变招聘和建立以绩效为基准的薪酬，到创新性的远程教学；为员工的工作与生活平衡提供工具、机会与灵活机制；不仅创造新的公司程序，而且进行实践并建立相应的思维方式。

公司程序已经不受来源也就是价值观和其内容的约束，那么现在的任务就是抹掉这个程序，郭士纳把这个做法称为“封闭的系统呼吸新鲜空气”，只保留极少数几个正面的规则、条例和指导。他认为**高绩效的公司是通过设定原则而非设定程序进行领导和管理的，组织应根据实际情况，灵活、因地制宜地把这些原则应用到实践中去**。无情的现实已经证实创始人老沃森时代制定的3条基本价值观已经被恶性演化为“陈词滥调”，缺乏现实指导意义，而IBM需要与时俱进的指南。

于是，在上任后的第6个月—— 1993年9月，郭士纳起草了8个原则，作为全新价值观，希望成为IBM新文化的核心支柱。这8个原则以信件方式邮寄给了IBM全球的几十万名员工。

真正有力的组织的大部分力量，都在于能够将虚构的信仰建立在一个让人顺从的现实之上。

——克莱顿·克里斯坦森，《创新者的窘境》的作者

郭士纳当时提出的8个原则是：

- 市场是我们一切行动的原动力。
- 从本质上讲，我们是一家科技公司，一家追求高品质的科技公司。
- 我们成功的标准是客户满意和实现股东价值。
- 我们是一家具有创新精神的公司，要尽量减少官僚习气，并永远关注生产力。
- 绝不忽视我们的战略性愿景规划。
- 我们的思想和行动要有紧迫感。
- 杰出和有献身精神的员工将无所不能，尤其当他们团结一心工作时更是如此。
- 我们将关注所有员工的需要及我们业务得以开展的所有社区的需要。

价值观不只是挂在官网上的标语，也不是对员工宣传的口号，如果公司内部实践和流程无法推动价值观的践行，那么价值观只是空头口号，员工无法理解其精髓。为了将这8个原则融入IBM全体员工的一言一行中，郭士纳积极推动系列措施，以改变员工的思想、态度和行为，进而实现这场文化变革。

1994年，郭士纳上任后召开了首个高管会议，来自全球各地的420名高管参加。郭士纳通过展现两张图，成功激发了危机感：一张图显示公司市场份额自1985年开始下降了一大半；另一张图显示公司的客户满意度位列行业第11位，名落孙山！郭士纳说道："我们正在成为市场上的笑柄，竞争对手正在抢夺我们的业务。"他甚至搬出甲骨文公司CEO拉里·埃里森（Larry Ellison）的照片，大声朗读拉里·埃里森的原话："IBM？我们甚至连想都不想这家公司了。它还没死，但已微不足道了。"通过这些视觉、听觉的感官刺激，郭士纳成功地激发了高管团队的危机感和斗志。郭士纳在会上还陈述了这一切现象的根源：在公司内部很多人眼里，公司外部的竞争远没有公司内部的竞争重要，如果改革不符合个人利益，就会反对改革，通过说"不"对于正确的决策置之不理。

在取得大家共鸣后，郭士纳顺势提出行为变革要求，并发出警告："对于这场

变革不要有任何借口，加入这场改革的人就会获得授权和机会，不适应、反对的人就只能离开。”

IBM行为变革的要求如表7-1所示。

表7-1 IBM行为变革的要求

变革前的要求	变革后的要求
公司自行推出产品	以客户为导向，按需生产
公司我行我素	以客户的方式行事
道德式管理	成功导向型管理
决策建立在秘密和神话基础上	决策建立在事实和数据基础上
以关系为导向	以绩效和标准为导向
一言堂	百花齐放、百家争鸣
对人不对事	对事不对人
良好的愿望甚至比良好的行动更重要	职责明确
总部主导	全球共享
规则导向	原则导向
个人主义	集体主义
追求百分之百的完美	有紧迫感地做出决策和行动（有八成希望就可以）
缺乏创新	学习型组织
平衡型资金投入	重点型资金投入

资料来源：《谁说大象不能跳舞》。

当然，所有参会人员都表达了对于改革的认同，但是能否真正地践行还需要观察。接下来几个月，这些人中大部分投入变革之中，但同时也深感震惊，因为这个改革的很多做法违背IBM根深蒂固的传统，如“击败对手”“猛打猛冲”等这些激进策略不符合IBM过去的温和做派。但是郭士纳对这些声音并未理会，他认为IBM已经病入膏肓，处于生死存亡关键期，IBM需要一剂强心针式的休克疗法，并且需要打开腹腔进行一场大刀阔斧的“外科手术”。

随后，郭士纳在1995年2月成立了300人规模的“高级领导集团”，这个集团的首要任务是关注领导和改革方面的事务，每年定期聚集在一起讨论，而且每年进行一次淘汰率非常高的改选活动。到2002年，“高级领导集团”只有71位初创人员留任。郭士纳认为，IBM过去的一些高层领导人缺乏领导力，且高层团队又缺乏流动性，是引发改革的关键因素，新的管理层会让文化转型的速度加快。

虽然转型的初期非常顺利，但是由于多数老方法死灰复燃，人们很容易再次陷入“路径依赖”中，两年后，IBM的文化转型又走向僵化。为了让新的价值观深刻烙印在每位成员心中，1994年下半年，郭士纳做出简化原则的决定，因为他意识到，一个人无法同时关注太多的原则。少即是多，最终简化后的价值观是“力争取胜”“快速执行”“团队精神”，这是对于原有价值观采取了“去其糟粕，取其精华”的做法，IBM恢复了久违的激情、活力和动力。这让人们认识到：**随着时间的推移，使命、目标的推力逐渐衰减，习惯的引力逐渐加强，直至无法摆脱习惯的引力场。**

“真正有力的组织的大部分力量，都在于能够将虚构的信仰建立在一个让人顺从的现实之上。”

——克莱顿·克里斯坦森，《创新者的窘境》的作者

4

路漫漫之自我更新

尽管如此，郭士纳仍然保持着清醒的头脑，他相信几年之后公司又会陷入过于自信的陷阱，新的价值观又会开始变质，但是他坚信会发现新的方法并不断实现自我更新迭代。他强调，对于IBM这样一家大型而复杂的公司，10年的时间足以成为行业领导者，关键是要走到几乎每十年一变的大趋势和潮流前头，“你需要新思维和勇气进行令人痛苦的转型”。郭士纳认为当时的IBM已经领先于电子商务组织发展的趋势，而他的继任者彭明盛也将面临另一个“十年之变”的大趋势，郭士纳曾经鼓励他的继任者，到那个时候需要勇于抛弃所有郭士纳曾经做的决定。“根据市场进化而调整，这是IBM的成功之道。”

IBM确实做到了。2002年10月，彭明盛接替功成名就的郭士纳出任IBM的CEO，次年他就发起并领导了史上最大的价值观重塑运动，当年，IBM在全球范围展开了72小时的即兴价值观大讨论，高达32万名员工一起在网上自由探讨什么是IBM的核心价值观。讨论的结果是员工们一致认为“创新为要”“成就客户”和“诚信负责”是公司现在和未来最为重要的3个原则，于是这3个原则顺理成章地成为IBM的全新核心价值观。因为是全体共同参与讨论、创立并确定的，也是全体员工共同认可的，代表了全球IBM人的共识，新的价值观立刻得到了IBM全球员工的热烈响应。新价值观也代表了员工对公司现状和未来的判断及期望，产生了非同一般的凝聚力和向心力。全体员工自然而然地就把这些核心价值观谨记于心，并付诸行动。

IBM价值观重塑轨迹如表7-2所示。

表7-2 IBM价值观重塑轨迹

价值观	创建人	创建时间
精益求精、优质服务、尊重个人	创始人老托马斯·沃森	1924年
力争取胜、快速执行、团队精神	郭士纳	1994年
创新为要、成就客户、诚信负责	彭明盛领导全体员工创建	2003年

综合而言，郭士纳在进行价值观重塑过程中有以下几个关键动作：

- 让全体特别是高层团队意识到危机的存在，建立紧迫感，激发斗志。
- 建立变革领导团队。
- 提出具体的行为变革要求。
- 根据现实发出“要么改变，要么出局”的严厉警告。
- 变革中保持领导团队的流动性和先进性。
- 少即是多，精简价值观以便简单易行。
- 不断去宣传标语和口号，让所有人理解。

而彭明盛的做法则相对简单：

- 发动全球员工进行发散性讨论、收缩式的归纳。
- 达成全员共识。
- 推动全体践行。

IBM 的企业精神是人类有史以来无人堪与匹敌的，没有任何企业会像 IBM 这样给全世界和人类生活方式带来和将要带来如此巨大的影响。

——美国《时代周刊》

本章小结

（1）一家公司的成败兴亡是公司所有员工行为总和的结果。

（2）人们在有强烈危机感时才会产生强大的变革意愿和动机。

（3）不是管理者改变文化，而是管理者邀请员工改变文化、价值观。

（4）在价值观转型中，领导者不但需要努力让员工倾听、理解并向目标前进，还必须告知他们不要做一个盲从者，这不是一个逻辑性和线性的挑战，而是反直觉的、以社会心理暗示为中心的、感性的一个巨大的挑战。

（5）价值观转型不是简单地否定、取消、推翻，而是去其糟粕，取其精华式地迭代。

（6）高绩效的公司是通过设定原则而非设定程序进行领导和管理的。

（7）价值观转型需要让组织这个“封闭的系统呼吸新鲜空气”，变得开放。

（8）组织的价值观不是历久弥新的，随着时间推移，价值观会变得无法与时俱进，也会腐朽变质。而且价值观会被当作陈词滥调，在组织内被扭曲，被机械、僵化地遵从，因此每隔一段时间组织就需要对价值观主动进行自我更新。

（9）时间越久，价值观的糟粕部分变得越来越根深蒂固，难以触动和摧毁。

（10）权力的固化是变革的阻力之源，高层团队缺乏适度的流动性，会导致组织僵化、迟钝，难以推动任何改革。

（11）少即是多，价值观原则需要简单易行。

（12）变革必然会打破现有利益格局，也必然会遭遇巨大的阻力，必要时需要“鸣枪示警”，发出“要么改变，要么出局”这样的警告，明确加入改革的人就会获得授权和机会，不适应、反对的人就只能离开。

（13）全员参与式的价值观重塑，更容易让新的价值观成为共识，更加容易让员工谨记于心，并付诸行动，并且具有更强的凝聚力和向心力。

（14）随着时间的推移，使命、目标的推力逐渐衰减，习惯的引力逐渐加强，直至无法摆脱习惯的引力场。

IBM案例带来的思维模式变化如表7-3所示。

表7-3 IBM案例带来的思维模式变化

	过去的思维	未来的思维
价值观的落地执行	机械、呆板	洞察意图、灵活
文化改变	管理者改变文化	管理者邀请员工改变文化
管理模式	通过设定规章、制度、程序管理	通过是设定简单原则管理
价值观理解	价值观是标语和口号	价值观与实践和流程紧密结合
价值观刷新	价值观长期不变	价值观会变质，因此要更新迭代

第 8 章

LIQUID STATE OF NETWORK, STORM AND 20%

液态网络、风暴与20%

1

液态网络的诞生

人们内心有两种力量在博弈，一种力量倾向于维持现状，以帮助人们保存实力应对一切不确定性，以不变应万变；另一种力量倾向于改变和革新，以帮助人们适应不断变化的环境。哪种力量占据上风，取决于人们得到的回报和反馈如何，包括物质和精神两个层面。**如果在创新中人们得到的是认可、奖励、赞誉，就会愿意付出更多的时间、精力和汗水，而如果在这个过程中受到嘲讽、惩罚、打击，人们就会倾向于维持现状。**

计算机科学家克里斯托弗·兰顿（Christopher Langton）认为："生命本质上是一种信息、一种形式，而不是具体的物质。生命是物质组成的结果，而不是物质本身。生命是把某些物质以适当的方式组合起来并从这些相互作用中产生的一种动态行为。"既然生命是一种"信息相互作用中产生的一种动态行为"，那人们要做的就是"促使信息能更快构建相互作用的环境"。

克里斯托弗·兰顿认为固态的优势是非常稳定的，但缺点是分子间缺少动态运动和连接的基础，过于规则，所以难以产生新变化和新组合、新结构，而液态则提供了一种混沌但又相对稳定的环境，因此产生了最初的生命形态。组织需要构建一种液态网络环境，让新创意能够产生并且保存下来。

> **新创意像一个个想法的拼接物，它们都是由思想的碎块拼组而成的。**
>
> ——史蒂文·约翰逊（Steven Johnson），美国著名科普作家和媒体理论家

液态网络由美国著名科普作家和媒体理论家史蒂文·约翰逊在其畅销书《伟大创意的诞生：创新自然史》中提出，他认为一个能源源不断产生创意的液态网络应该包含以下特征。

（1）多样性。内部元素（想法、创意）足够丰富，满足多样性的需求。**多样性**

意味着可能的组合数量和备份方案很多，提供了更多选择。

（2）可塑性。拥有跟随和适应环境变化的能力。

（3）流动性。内部有让每一个想法、创意都能随机与其他想法、创意进行碰撞的机会，否则就不会产生新变化和新组合、新结构、新事物。

（4）开放性。有足够多的与外界接触和交互的机会，如果只是在内部变异，多样性就会被限制。

（5）高密度。在低密度的网络系统里，好创意出现以后就消失了，如在人口密度很低的地区，虽然有人有一个重大发现或创新，但很难扩展出去。而在高密度的网络系统里，新发现和好创意很快会被流传与扩散。

史蒂文·约翰逊认为："人们通常会把颠覆式创新的产生过程浪漫化，想象一个个伟大的创意超越环境的限制，横空出世，但实际上新创意更像从一些旧思想和僵化的传统中发现一些全新的创意一样。一个好创意的真实本质是一群细胞组成的网络，会尽可能地在相邻空间里，去探寻一些新的网络组合方式。这一点适于任何一次创意的产生。"

新创意像一个个想法的拼接物，它们都是由思想的碎块拼组而成的。

——史蒂文·约翰逊，美国著名科普作家和媒体理论家

2

完美的风暴

20世纪90年代，加拿大麦吉尔大学（McGill University）的心理学家凯文·邓巴（Kevin Dunbar）进行了许多实验后，得到了一些惊人的研究结果：大部分科学研究的突破性进展都与其所处的物理环境存在着一种关系。人们一般认为大部分科学家穿着白大褂在实验室里面鼓捣着试管、显微镜，突然间会有一个重大发现，会发生灵光一闪的顿悟，但邓巴的研究证明：偶然发现、顿悟是极为罕见的，大部分科学研究的重大发现都是出现在科研学术讨论会中的。也就是说好的创意的主要产生地点并不是充满各种仪器的实验室，而是在科研人员的会议桌上。邓巴认为在这些会议上，“一个讨论者的理论分析所取得的成果，可以作为另一个研究进行下一组理论分析的依据之一……层层推进后，最终整个项目研究的方方面面都会受益，并取得一些重大的进展”。

今天，组织采用的、最有效的激发创意的做法是头脑风暴，这一做法由创造学和创造工程之父、BBDO广告公司创始人亚历克斯·奥斯本（Alex Faickney Osborn）发明，他于1939年首次提出、1953年正式公开了这一激发性思维的方法。《牛津高阶英汉双解词典》对此的解释是：“A way of making a group of people all think about something at the same time， often in order to solve a problem or to create good idea.”意思是为了解决一个问题、产生一个好的创意组织一群人进行群体思考，和成语“集思广益”类似。实践中，很多组织的头脑风暴会议都失败了，这时人们需要思考是否出现了以下情况。

（1）讨论形式是否过于正式、严谨？参加者如果把这个会议当成正常的例会看待，就会倾向于不思考。

（2）因为有领导在，导致有些人不敢发言？因为领导在场，导致有些同事会变得羞于说话或表现得高度紧张，担心发言不当影响领导对自己的判断。

（3）充满了辩论和解释？如果有人把会议当成了技术辩论会，开展唇枪舌剑的讨论，就会扼杀其他人产生的新创意。

（4）有人提出的创意被其他人嘲讽、指责？有一些人，总是认为别人的创意幼稚、可笑，不断地冷嘲热讽，导致严重打击他人的积极性。最后有些人会在被打击后选择沉默。许多伟大的想法消失了，因为有这些想法的人受不了别人的嘲讽。

> **伟大的想法不见得能在会议中诞生，但大量愚蠢的想法能在会议中被消灭。**
>
> ——斯科特·菲茨杰拉德（Scott Fitzgerald），作家

（5）由自以为是的“专家”主导？如果有一些所谓的“专家”在场，他们倾向于兜售自己成熟的创意，对其他人进行打压，对大家进行“培训”，这会让其他人都成为“学生”。

> **无论测试观众还是主管，他们都不是创新想法的理想评判人。他们太容易做出错误的预测；他们过分关注拒绝的理由，并且太坚持新想法应靠近现有的成功原型。我们已经看到，创造者也很难正确预测自己的作品，因为他们太看好自己的想法。**
>
> ——亚当·格兰特（Adam Grant），组织心理学家、沃顿商学院管理学教授

头脑风暴要成功，需要做好以下4个方面。

第一，排除障碍，数量至上。将无关人员排除在讨论群体以外，严禁一言堂、严禁指责嘲讽、严禁保持缄默、严禁批判辩论、严禁判断，只欢迎更多新创意，数量越多越好。

> **人们普遍认为，数量和质量两者不可共存，如果你想把工作做得更好，你必须做得精，但事实证明这是错误的。事实上，当涉及想法的产生时，数量是对质量最可预测的因素。**
>
> ——亚当·格兰特，组织心理学家、沃顿商学院管理学教授

第二，营造气氛，击鼓传花。通过一位创意鼓励师，不断鼓励大家踊跃发言，如

同拍卖师一样重述其他人的新创意，并烘托气氛，启发其他人继续思考，让大家争先恐后，不吐不快，如同“一盆沸水”。同时安排一位专门人员记录所有已经涌现的创意。

> **一个正在“煮沸”的思想大锅里，各种各样的想法和创意不断翻滚着、沸腾着，于是种种新奇活动便出现了。在这样的状态下，只要一瞬间，各种想法的新连接形式便会形成。**
>
> ——史蒂文·约翰逊，美国著名科普作家和媒体理论家

第三，创意收敛，选择过滤。通过有效性、实用性、经济性、紧迫性、可操作性等指标对会议中产生的所有创意进行排序、过滤、选择，最终选出可具体实施的创意。

> **正确的想法使你停在原地，而错误的想法会迫使你去探索。**
>
> ——史蒂文·约翰逊，美国著名科普作家和媒体理论家

第四，创意连接，落地推广。将创意与技术、研发等连接起来，并通过众筹或最小可行化产品投入市场进行验证。

头脑风暴的作用不仅在于产生了多少有价值的创意，还有助于带来以下几种重要的效果。

（1）营造了液态网络，让创意、思想可以自由碰撞连接。

（2）激发了人们的创造性、好奇心，激起了人们解决问题的渴望。

（3）给予人们博采众长的机会，激发了灵感的产生。

（4）提供了解决问题的更多视角。

（5）提供了“踩在他人肩上跳”的可能性。

> **科学思想史中的所有决定性事件，都可以用不同学科之间的心理交流来描述。**
>
> ——阿瑟·库斯勒（Arthur Koestler），《创造的艺术》的作者

为了避免刻意或无意识的缄默，如有些人滔滔不绝、兴奋异常，点子多、气场强，可能导致有些人的创意没有机会得到表达；有些人觉得自己的创意比较简单粗

“伟大的想法不见得能在会议中诞生，但大量愚蠢的想法能在会议中被消灭。”

——斯科特·菲茨杰拉德，作家

糙，说出来怕别人嘲笑而不敢发言；有些人在头脑风暴会议的吵闹环境中容易心烦意乱，难以思考和表达。

> **头脑中的洞察力并非像灯泡一样发光，而是像容易熄灭的蜡烛。**
>
> ——马尔科姆·格拉德威尔（Malcolm Gladwell），《眨眼之间：不假思索的决断力》的作者

因此，组织可以采用一些全新的头脑风暴方法。

（1）便利贴式头脑风暴。将新想法、创意写在便利贴上，然后汇总拼贴于白板等上，或者传阅起来。

（2）匿名群聊风暴。通过一个匿名在线群，按照判断后置的规则进行头脑风暴，鼓励大家畅所欲言。

通过以上这两种办法，可以有效避免害怕领导在场、一言堂、内向羞于表达、口头表达能力有限、有被嘲笑的心理负担等问题。

此外，一般头脑风暴方法在传统科层式企业更难成功，自上而下的层级企业通过指挥和控制确保员工服从、可靠地执行。这种企业的终极目的是提升效率，要求无偏差，绝大多数时候不需要创新，也不欢迎不同想法。这种企业对于创意、创新的真实态度其实是阿Q式的口头说文而已，人们也不能指望这些长期在要求精确执行、绝对服从的情境下工作的员工在接到一个指令后，才会产生更多的创意。

头脑中的洞察力并非像灯泡一样发光，而是像容易熄灭的蜡烛。

——马尔科姆·格拉德威尔，《眨眼之间：不假思索的决断力》的作者

3
20%自由时间工作制的产生

1948年，以善于创新著称的3M公司采取一套崭新的工作方式，允许其员工将15%的时间用于本职工作之外的项目。这一做法，催生出便利贴、透明胶带等畅销至今的产品，还包括大量创新材料等。在位数十年的3M前董事长兼总裁的威廉·麦克奈特（William McKnight）说，他认为最重要的工作就是："雇用优秀人才，然后给这些人腾出空间。"

在2004年谷歌上市的时候，联合创始人拉里·佩奇和谢尔盖·布林（Serger Brin）曾经写道："鼓励我们的员工花费20%的工作时间做一些他们认为能够帮助谷歌的工作。这将让我们的员工更加具有创新性，我们很多优秀的项目都来自这个政策。"那么这个鼎鼎大名的20%自由时间工作制，到底是怎么来的呢？

2004年，一个叫凯文·吉布斯（Kevin Gibbs）的谷歌工程师想到了一个好主意：把搜索引擎的所有历史搜索记录进行优化排序，帮助用户在搜索框输入时进行实时自动补充，也就是让谷歌搜索引擎可以自动预测用户的搜索请求，并在搜索时提供自动补充的选项。例如，当人们输入"天气"时，系统自动推荐出"天气预报"，并提供一个下拉菜单，让用户不用输入全部文字就能单击完整搜索请求。凯文·吉布斯利用自己的业余时间建立了一个模型，并把这个模型雏形发给了一群喜欢分享新创意的同事，这个模型激发了几个工程师的兴趣，他们加入了这个项目，这些人成了凯文·吉布斯的第一批追随者。这个项目后来越来越成功，最终成了现在名为Google Suggest的搜索建议功能产品，这个功能不仅帮助每个用户节省数秒的搜索时间，还能以更快的速度为用户准确搜索到想找的信息。从凯文·吉布斯的一个人的创意到付诸实践，再到全球几十亿位用户的搜索习惯改变，这个伟大的过程花了几年时间。

受此启发，谷歌创立了20%自由时间工作制，允许工程师拿出20%时间来研究自己喜欢的项目，这直接促进了语言服务Google Now、新闻服务Google News、谷歌地图Google Map上的实时交通信息等重大产品的诞生。从某种程度上说，这些项目都是谷歌因为20%自由时间工作制而产生的“私生子”。很多人对于这个制度有很大误解，把关注的重点放在时间的长短上而不是给予工程师适度自由上，同时以为这会导致工程师以创新为理由肆意妄为，而谷歌发现：大可不必担心工程师把20%自由时间浪费于“白日做梦”，因为他们不会去写戏剧，他们只会编写代码。在谷歌，无论工程师想把这20%的时间用于做什么，只要不妨碍其正常工作，那就没人会阻止他忙自己的事。这个制度也对那些严格的管理者起到平衡和制约作用，让工程师在完成正常工作外，可以适当发散一下，而这可能促进伟大创新的诞生，也就是说**创新很多时候产生于管理的松耦合**。同时要特别注意20%自由时间工作制在谷歌成功有一个重要的前提：谷歌的工程师多是聪明和自律的。

这个制度虽然总体是正确的，但同时也会导致出现一些负面后果和问题，也就是给予员工很大自由，必然导致难以管理：有些倔强的工程师深陷于自己感兴趣的项目，而且“不到黄河心不死，不达目的不罢休”。如果领导反对该员工的建议，该员工仍然可能一意孤行，对领导的建议不予理会。当然这个问题有两面性，因为当员工是正确时，这反而是件好事。

> **去掉束缚，允许百花齐放、百家争鸣，是在危机的年代保持活力的最佳方法。**
>
> *——汤姆·彼德斯（Tom Peters），全球著名管理学家*

4

驯鹿带来的意外惊喜

有一次，一个叫保罗·布赫海特（Paul Buchheit）的谷歌工程师使用了20%的时间开发了一个叫“驯鹿”（Caribou）的项目，这个项目就是今天有着15亿位用户的谷歌邮箱Gmail项目的前身。过了不久，他觉得这个新产品赚钱的时机到了，并建议在电子邮件右侧根据邮件内容显示广告，开始时公司并不同意，而是让他集中精力完善产品，把赚钱问题先放一边。但是保罗·布赫海特置若罔闻，并且入侵了谷歌内部系统，把内部邮箱系统与谷歌广告系统连接到一起，第二天一早，上班的全体同事都发现自己的邮件旁边出现了广告，一开始都非常愤怒，但是很快大家发现这些“善解人意”的广告其实很实用，也开始接受了。几个月后谷歌邮箱Gmail问世，而且伴随着邮件内容匹配的广告技术，为谷歌带来了新的广告收入来源，保罗·布赫海特没有因为“胡作非为”而受到任何处罚。这让人们看到20%自由时间工作制背后蕴藏着宽容，这个例子并不是鼓励员工对于领导者的意见可以毫不理会，然后一意孤行，而是表明**组织需要给予创意、创新一定空间，宽容并做到兼收并蓄。同时也应该看到，有时候创新最大的敌人恰恰是权力，创新方向的对错是无法预先判断的，而是试验后鉴定的**。过去的创新主要是基于直觉和权威进行决策的，而现在则是基于测试和验证的。因此，**组织内部的管理者对于创新方向，需要谨慎使用权力武断地干预，尽可能做到判断后置**。例如，企业内经常举办的创意活动“头脑风暴”就包含了两个重要步骤：发散和收敛。在发散阶段需要鼓励奇思妙想，而不能有任何判断，否则就会扼杀全新的创意，因为一旦创意被嘲讽指责，那么这个参与者马上就拒绝思考新创意。在收敛阶段，基于此前的集思广益，开始筛选、判断是否可操作、可实施，是否有需求、有回报等。在创意产生和创新过程中，管理者并不能“先知先觉”。

提出一个想法是创造伟大过程中最不重要的部分，需要有正确的想法和眼光，但实施和交付者是成功的关键。

——谢尔盖·布林，谷歌联合创始人

为了防止一些过度不切实际的“奇思妙想”浪费公司不必要的资源，而工程师又一意孤行，谷歌开始改善这一制度，就是提醒那些用20%时间做项目的人先做出一个产品原型，以吸引其他同事的兴趣并加入。虽然**数量孕育质量和伟大创新，正确的创新方向产生于数量的冗余**，但是考虑到资源有限性，必须考虑将有限资源重点投入到高潜力的创意中去，有必要过滤和淘汰大部分不合理或者相对低价值、低潜力的想法和产品原型。谷歌制定了重要的新规则：除自己之外，工程师至少还需要挑选其他同事加入项目，禁止孤军奋战，这一做法自动淘汰了一些低潜力项目。《科学美国人》写道：**企业创新并非少数人的灵光一闪，而是组织内部复杂的高度协作**。谷歌认识到今天企业的创新几乎不可能由个体单打独斗完成，而是基于一个有效的协作网络。另外，想出一个创意没什么难度，但是吸引其他人用自己20%的时间加入你的20%时间项目就困难得多，如果希望自己的奇思妙想能开花结果，首先就需要构建一个能为自己的构想付出时间和精力的团队，而这一点并不简单，说服他人加入自己的项目对于一些工程师来说甚至难于登天，这就导致很多高潜力项目胎死腹中。为了避免此类情况，谷歌设立了一个叫“演示日”（Demo day）的方案：这一天专门让个人或团队演示自己感兴趣或新构想的产品原型，因此一到周末会有很多原型发布，到了周五下午以科学展会的开放参观形式分享成果，这时候大量新点子、新产品原型涌现，但是大部分不合理或被认为没价值、潜力低、不切实际项目的会被淘汰，止步于演示日。这是一个优胜劣汰、物竞天择的过程。如果演示成功，就会获得其他工程师的认可和追随，加入自己的项目中来，而且不用经过组织形式和领导者的指挥、控制、调配形成了人才自发组织和配置，这也导致公司成了一种自我驱动人才进行自发组织形式的柔性组织。当然就算演示成功，吸引到了同事加入，后续还需要经过残酷的市场检验。“演示日”构建了一个内部市场，而不是一套官僚系统。通过内部市场，员工可以自由地和其他同事交流自己的创意，并降低了自己风险，这也构建了一种支持网络，离开这个网络，个体很难将自己的创意变成现实，甚至创业也实现不了，因为初创公司难以聘用如此之多的顶级工程师。这样就可以通过市场化手段配置资源和权力，而非层级和权力。市场极少甚至完全不是通过控制来约束和协调组织的行为的。

传统组织里，权力和资源来自组织和上级的授予和分配，是刚性配置，除非上级再分配，否则权力和资源就处于固定的无法转移状态，资源总是倾斜于当下的核心业务，而不是创新项目，在出现资源竞争和冲突时，创新项目总要让位。**而全新的网络协作式组织生态下，权力和资源是流动的，从低价值创造能力的个体自动流向高价值创造能力的个体。权力是“天择”，而非“授予”。**这里的“天择”就是类似谷歌在“演示日”的其他工程师的选择，也可能是未来的客户、市场的选择。**20%自由时间工作制，避免了谷歌的权力和资源的固化，而是让其可以自由流动，实现了组织力量的最优化配置。**人们也惊奇地发现，通过有效的机制，组织内的个体可以自我驱动、自我管理，这个过程可以没有管理者干预，甚至不需要管理者，至少不需要那么多。自身具备影响力和价值创造能力的个体能通过“演示日”机制获得权力和资源，而**是否赋予组织内的个体有效使用权力和资源的机会，是愚蠢公司与聪明公司的最大区别，**在后者的组织里，**领导者是一种行为而非角色，**而且人人都有了成为领导者的机会和可能性。**组织要做的就是建立能促进组织力量流动和优化配置的机制，为个体提供支持。**

> **为什么我们如此急切地渴望成功，而从事这样荒唐的事业？如果一个人跟不上同伴的脚步，也许是因为他听到了不同的鼓点。**
>
> ——亨利·戴维·梭罗，《瓦尔登湖》的作者

“演示日”机制也构建了一种组织的创意分享、交换、启发机制和交易市场，或许某个创意没有应用到一个正确的方向，但是这个创意极大地启发了其他的工程师，或许可以应用到其他潜力巨大的项目或方向上。**如果不鼓励合作和信息分享，那么就得不到更多创新。**牛津大学动物学博士马特·里德利（Matt Ridley）博士发现，人们的祖先智人和灭绝的尼安德特人的关键区别不是生存环境或遗传基因的差异，而是交易行为。尼安德特人视陌生人为安全威胁，第一反应是杀死对方，和陌生人间是你死我活的零和博弈，而智人视陌生人为交换新事物的机会。工具、方

法、信息、思维的互利交换推动了知识、思想的扩散，加速了智人的发展，而尼安德特人最终灭亡。交换、合作带来创新、文明与繁荣，而故步自封、闭关自守只会下滑、停滞乃至崩溃。交易具有以下5个特点。

- 相邻可能（现在相邻的范围随着技术发展，距离在扩大）。
- 超越关系（裙带关系限制竞争和自由选择、遏制创新）。
- 个体自愿。
- 互利双赢。
- 竞争环境。

当在某个市场中，与陌生人交易时，质量和服务问题不会得到容忍和宽恕，会被客户抛弃，并被其他优秀竞争者替代。“演示日”机制构建了竞争的环境，驱动个体竭尽全力，精益求精，以能脱颖而出，赢得胜利，获得资源和回报继续生存。

如果过于依靠企业家或高管的过人的预见性、洞察力和判断力，而不具备自下而上的组织创新机制，那么公司的未来生存和发展是不可持续的。如果一家企业只依据自己的已有和已知，而非客户需求来构建产品或服务，其创新必然受阻。组织层面的创新需要以客户为中心，“草船借箭”式地整合外部资源并进行无限组合，为了探索未知而挖空心思、费尽心机。

5 最好的员工教育活动

20%自由时间工作制不仅意味着会诞生新创意、新产品甚至伟大的产品，还在于鼓励尝试，激发组织的创新潜力，并让员工与过去不常打交道的同事相互协作，并帮助员工学到新的知识、积累新的经验，有的人可能因此涉及自己过去陌生的领域，那么这个人才便可以接受针对这些新领域的培训，也自动促使这个人去主动学习。谷歌负责工程设计的高级副总裁乌尔斯·霍泽尔（Urs Holzle ）说：20%自由时间工作制是一家企业最好的员工教育活动。

此外，要特别指出的是：谷歌工程师利用20%自由时间成功做出的项目是没有额外报酬的，因为谷歌认为工作本身就是最大的奖励。心理学家发现：**外部的物质奖励非但不能激发创意，反而把原本一件非常有成就感的事情变成赚钱的差事，并阻碍灵感的产生。兴趣和解决问题的欲望是人才内驱力的主要来源。**用20%的自由时间做自己感兴趣、希望做的事情的人才会自然而然产生工作的内在驱动力。**只有内在的志向和兴趣，才能激发人才的持续创造动机和行为，而命令和控制、自上而下的任务分配、监督做不到这一点。创造、创新带来的成就感和市场价值、社会价值会给组织内部的创新人才更多的驱动力。自激励、内在驱动是这个群体的重要特征。对于创新群体，组织要做的主要不是外部激励，而是赋能，给他们提供一定的自由时间、自主决策权、高效协作的环境和工具。激励偏向的是成功后的利益回报，而赋能强调的是激发人才的兴趣与内驱力、斗志。**未来组织的职能更多需要让人才的专长、兴趣和市场的需求、痛点、问题更好地匹配。**过去是组织雇用人才：组织是主体，人才是被动的；而未来则是人才使用组织的公共服务：人才成为主体，组织是被动的。**正如管理学家加里·哈梅尔所言：**一个高信任、低权力敬畏的组织里，员工不需要太多监管，他们需要的是指导和支持。**人们经常会发现一家创新公司随着时间推移，逐渐丧失了创新力，原因通常是最初源自一个基于运气的一个偶然的发现，而非组织能力和机制，依靠的是一两个关键人才的高瞻远瞩和英雄主义，而不是自下而上的组织能力。

本章小结

（1）如果在创新中人们得到的是认可、奖励、赞誉，就会愿意付出更多的时间、精力和汗水，而如果在这个过程中受到嘲讽、惩罚、打击，人们就会倾向于维持现状。

（2）多样性意味着可能的组合数量和备份方案很多，并提供了更多选择。

（3）组织的创新力并不产生于高压和精细管理，而产生于松耦合，如谷歌的20%自由时间工作制。

（4）组织创新力的背后蕴藏着对于创新人才的失败甚至“胡作非为”的包容，需要给予创意、创新一定空间、宽容并做到兼收并蓄。

（5）创新的最大敌人很多时候是权力，创新方向的对错无法提前判断，而是基于试验。

（6）过去的创新主要是基于直觉和权威进行决策的，而现在则是基于测试和验证的。

（7）数量孕育质量和伟大创新，正确的创新方向产生于数量冗余。

（8）因为组织资源有限性，必须将有限资源投入到高潜力的创意中，有必要过滤和淘汰大部分相对不合理或低价值的想法和创意。

（9）今天，企业的创新几乎不可能由个体单打独斗完成，而是基于一个有效的协作网络。

（10）创新是一个优胜劣汰、物竞天择的过程。

（11）传统组织里，权力和资源来自组织和上级的授予和分配，是刚性配置，除非上级再分配，否则权力和资源就处于固定的无法转移状态。

（12）全新的网络协作式组织生态下，权力和资源是流动的，从低价值创造能力的个体自动流向高价值创造能力的个体。权力是“天择”，而非“授予”。

（13）权力和资源的流动，实现了组织力量的最优化配置。

（14）通过有效的机制，组织内的个体可以自我驱动、自我管理，这个过程可以没有管理者干预，甚至不需要管理者。

（15）是否赋予组织内的个体有效使用权力和资源的机会，是愚蠢公司与聪明公司最大区别。

（16）外部的物质奖励非但不能激发创意，反而把原本一件非常有成就感的事情变成赚钱的差事，并阻碍灵感。兴趣和解决问题的欲望是人才内驱力的主要来源。

（17）创造、创新带来的成就感和市场价值、社会价值会给组织内部的创新人才更多的驱动力。自激励、内在驱动是这个群体的重要特征。

（18）对于创新群体，组织要做的主要不是外部激励，而是赋能，给他们提供一定的自由时间、自主决策权、高效协作的环境和工具。

（19）激励偏向的是成功后的利益回报，而赋能强调的是激发人才的兴趣与内驱力、斗志。

（20）只有内在的志向和兴趣，才能激发人才的持续创造动机和行为，而命令和控制、自上而下的任务分配、监督做不到这一点。

（21）未来组织的职能要使人才的专长、兴趣和市场的需求、痛点、问题更好地匹配。

（22）过去是组织雇用人才：组织是主体，人才是被动的；而未来则是人才使用组织的公共服务：人才成为主体，组织是被动的。

（23）在创新的漫长征途中，成功或是一种偶然，但是对于一家企业而言，创新则是组织能力的体现。

关于组织创新的过去和未来思维的特点对比如表8-1所示。

表8-1　关于组织创新的过去和未来思维的特点对比

组织创新	过去的思维	未来思维
创新决策	基于直觉和权威进行决策	基于测试和验证进行决策
人才雇用	组织为主体，人才是被动的	人才是主体，组织是被动的
创新管理方式	高压和精细管理	松耦合
创新方式	封闭（闭门造车）	开放（客户参与）
客户定位	客户	客户和创新伙伴
风险	高	低
成本	高	低
周期	长周期	短周期、快迭代
需求假设	假定需求不变	假定需求是游离和变化的
偏好	完美主义	容忍不完美
开发策略	理想化产品	最小可行化产品
自由工作制	不支持	部分支持，例如20%可支配时间
思维逻辑	因果思维	大数据开放式思维
新想法测试成本、速度、难度	新想法测试成本高、缓慢、困难	新想法测试成本低、快速、容易
谁来实验	只有专家开展实验，且频率低	人人都开始实验，频率高
创新的挑战目标	创新的挑战是找到正确的解决方案	创新的挑战是解决正确的问题
对待失败的态度	不惜一切代价规避失败	及早、低成本地从失败中获取经验
创新聚焦	聚焦于最终产品	聚焦于最小可用原型，产品投放市场后不断迭代

第 9 章

THE MECHANICAL UNIVERSE AND INNOVATION OF THE EDEN

机械宇宙与创新的伊甸园

1

机械宇宙之外

人类在这个星球上，曾经和其他动物相近相似，人类脱颖而出、统治地球，都来自大自然的恩赐。直到17世纪行将结束之时，人类仍然认为自然和超自然密不可分，疾病被认为是上天的责罚，天文学被用于算命，那群世界上最聪明、思想自由的科学家却被新旧观念的对立所折磨，布鲁诺勇敢地捍卫和发展了哥白尼的太阳中心说，甚至被宗教裁判认为是“异端”而烧死在罗马鲜花广场。

今天是一个混乱嘈杂的时代，也是一个天才大量涌现的时代，一切都酝酿着创新与变革的因子。人们已经永远改变了看待自己和世界的方式，现在当人们站在城市的中央，举目四望时，人们已经突破了牛顿所说的“机械宇宙”，几乎一切都来自人类自身的创造，而这些最初都来自某一个人大脑的灵光一闪。

2

脑海中的风暴

今天在组织内的创意产生，不再依靠个人单打独斗式的灵光一闪，而是头脑风暴这样的团队协作。1939年，广告人亚历克斯·奥思本发现，如果团队人员单独思考很难产生好的创意，而团队在一起思考和讨论，创意的数量和质量都会有显著提升。1948年，他撰写了《你的创造力》一书，发明了“头脑风暴”一词，并提出了头脑风暴的两个重要原则：争取数量和推迟判断。首先数量孕育质量，数量越多，提出有效和高质量的创意的可能性越大；其次搁置在头脑风暴过程中的争论和批判，而是集中精力延伸和增加想法，才能让每个人贡献更多创意，而一旦有人开始判断和批评就会关上创意喷涌的阀门，遏制奇思妙想的产生。在头脑风暴的最后阶段才是集思广益，判断和过滤无效、不可行、低价值创意，结合和改进的时候。因此，头脑风暴是一个先发散后收敛的过程。

那创新约等于灵光一闪吗？《科学美国人》给出了不同的答案：企业创新并非少数人的灵光一闪，而是组织内部复杂的高度协作！如果对于白炽灯、留声机，人们还能分清楚发明人是爱迪生的话，那么对于冰箱、洗衣机、智能手机，人们已经很难说出一个具体的发明人的姓名了，这些影响人类生活的重要发明并不来自一个人的贡献，而是大量科学家、工程师共同协作的产物。

> **大量创新夭折了，并非致命的技术缺陷或市场没有准备好。创新失败是因为经营责任委派给了无法胜任这项任务的经理或组织。**
>
> ——克莱顿·克里斯坦森，《创新者的窘境》的作者

施乐公司曾拥有着全世界最为伟大的企业中央实验室，鼠标、笔记本电脑、传真机、复印机、激光打印机、以太局域网等成百上千个的重大发明都是这家公司的得意之作，但是这家公司并没有从中赚取到巨额利润，而是贡献给了其他公司。由

此可见，创新对于企业来说不能简单等同于发明，对于企业自身而言，创新的意义在于增值回报。如果现在的发明等同于研发人员的大规模协作，那么企业创新就是除研发部门进行协作式发明以外，还需要市场、销售、供应链等其他部门的协作才能完成价值创造和投资回报，因此，创新适用“木桶理论”，任何一个短板部门，都可能扼杀企业的创新。创新背后是复杂的、艰难地走向市场的探索过程，也是每一个新技术、新产品、新服务从幕后走向台前的过程，不经历市场筛选这一步，就不能成为真正的创新。因此，哪怕是完成了发明，向市场推出了产品，这也只是创新征途上的第1个里程碑。

支撑深刻变革的关键是合作，因为如果没有合作，组织会拘泥于现状，并被其压垮。

——彼得·圣吉（Peter Senge）

《第五项修炼：学习型组织的艺术实践》的作者

硅谷一直被誉为“创新之都”，《硅谷百年史：创业时代》的作者之一皮埃罗·斯加鲁菲（Piero Scaruffi）说：“晶体管、互联网、手机等，并非来自硅谷的发明创造，但是很多技术来到硅谷，人们就思考将这些技术组合一下来做点别人没有做过的什么产品。”硅谷创投教父彼得·蒂尔认为：“硅谷创新并不意味着发明，把技术重新组合以正确的方式提供给市场也能造就伟大的创新，iPhone、优步、爱彼迎无不如此。”所以本质上，硅谷的主要创新不是发明创新，而是技术组合创新和商业模式创新。硅谷不是技术发明的创新之都，而是商业模式创新之都。

在自然界，物种的最高目标是生存繁衍，做到这一点，就必须要适应自然环境，而环境处于不断变化中，物种就必须进化以做到适应。生物学家认为进化大体等于随机变异加自然选择，前者是一种发散，后者是一种收敛。而在商业界，有着异曲同工之妙，企业要想追求基业长青，就必须要适应不断变化的商业环境，而做到适应唯有创新。创新又约等于研究发展加上市场选择，同样是一个先发散后收敛的过程。创新无论处于创意阶段还是产品阶段都适用这个基本规律。

市场的演进有其自身的规律，不以任何人或组织的意志为转移，因此只有通过发散式的试错，才能找到正确的路径，因为今天的企业如同置身于迷宫之中，正确的路径，并不能预测和规划，唯有高效率试错，而试错就是一个大量发散的过程。正如《爱丽丝梦游仙境》中所言："如果你不知道去哪里，任何道路都可以是你的方向。如同一窝蚂蚁，如果要生存下去，试图找到食物，唯一正确的做法就是，向四面八方探索，尽管看上去似乎非常盲目和低效。"

当微信初露峥嵘时，阿里巴巴也推出一款竞品"来往"，马云甚至喊出"宁可死在来往的路上，也不活在微信的群里"，然而最终还是失败了，移动社交成为阿里巴巴的战略盲点，这个盲点直接导致丧失万亿级的潜在战略机会。这还没有结束，后来阿里巴巴又遭遇了一次"珍珠港事件"——微信发明了红包功能，这直接导致数亿用户将银行卡绑定了微信，微信在移动支付方向的"任督二脉"打通，一路攻城拔寨，抢占了近一半的移动支付市场份额，而这些份额过去几乎都是支付宝的地盘，阿里巴巴遭受了第2次重创。因此，在今天的那些企业巨头心中，最担心的就是这样的战略盲点，这是企业的不可承受之重，又是一柄高悬于头顶的达摩克利斯之剑，随时会掉下来。所以今天的大企业总是尽可能设立大量项目来覆盖尽可能多的领域，以避免战略盲点，此前谈及的谷歌的20%自由时间工作制也是源自于此。今天，大企业每年通常都会设立数以百计的新项目，这些新项目的最终命运是大约99%最终都会失败，但是剩余这1%的成功足以覆盖大部分失败的损失，看上去创新效率很低，实质上这些失败是必需的，因为正确的创新方向来自数量上的冗余。

我们可以将失败看作一条道路，而非一堵墙壁。

——斯科特·亚当斯（Scott Adams），呆伯特系列漫画的作者

而尽管设立了大量新项目仍然无法覆盖全部可能的战略盲点，因此今天的大企业，都会设立投资部门，投资那些自己没有涉及的方向，以弥补自身创新能力不足和避免战略盲点。

“我们可以将失败看作一条道路，而非一堵墙壁。”

——斯科特·亚当斯，呆伯特系列漫画的作者

3

丑小鸭的诞生

在创新的产品开发阶段，斯坦福大学提出了“最小可行化产品”的方法论。这个理论认为，企业不需要将产品发展到理想化阶段才推向市场。原因有两点：一是此时市场可能已经被竞争对手占领，激烈竞争的市场环境下，在竞争对手之前交付一个不完美但至少能用的产品非常重要；二是自认为理想的产品毕竟是闭门造车的产物，不见得能赢得市场青睐，如果注定失败，那么失败来得越快越好，这意味着耗费更少的时间、资金和精力在错误的事情上，也意味着自身还有足够的时间和资源调整方向。

因此，当解决了客户最重要的需求或排名第1位的痛点后，就应该封装成最小可行化产品，向市场推出，也就是：在产品开发阶段，时间的集中优于功能的集中。最小可行化产品推向市场后，再不断获得市场反馈并快速迭代、优化，不断向客户真正的需求和痛点靠拢。事实上客户的需求永远处于变化和演进过程中，只能无限接近，而无法绝对满足其终极需求。最小可行化产品并不是浅尝辄止而是见微知著，这两者的差异在于是否获得了可靠的反馈。是否是可靠的反馈，取决于反馈的来源是客户还是同事、投资人等。最激进的可靠反馈形式是众筹：因为这是测试客户需求强度和广度的最可靠方式。创新要成功，就必须致力于缩短用户反馈的路径，降低用户反馈的难度，以及更快地对用户反馈做出响应。过去的创新是基于直觉和权威进行决策的，决策依据来自内部的领导，现代创新则是基于测试和验证进行决策的，决策的依据来自外部的市场和客户。创新也不再是一蹴而就，而是一个不断向变化和演进的客户需求靠拢的漫长且无终点的过程。

苹果的创新哲学与普通公司的创新哲学对比如表9-1所示。

表9-1 苹果的创新哲学与普通公司的创新哲学对比

苹果的创新哲学	普通公司的创新哲学
卓尔不群	大同小异
以“Wow”（惊喜）为目标	以满足基本需求为目标
精益求精	点到为止
持续不断创新	必要时创新
工程师般思维	技术员般思考
艺术家般感悟	会计师般感悟

4
HR的创新使命

（1）构建创新文化

创新本身意味着大量的试错，失败如影随形。如果一家企业耻于谈论失败，害怕失败，排斥失败，只是崇尚成功的话，那这家企业不可能完成真正意义上的创新。“避开失败”的组织文化在创新时会增加3个风险。

首先，增加创新难度。当创新项目成员会遭到惩罚或责难时，成员开展创新时会远离未知部分，巨大的增长机会可能因此错过。

其次，学习机会的丧失。失败被惩罚时，员工就不会有动力对失败进行研究而有新的发现。成功发现解决方案的团队也不会公布早期的障碍和弯路。如果团队不能分享他们的错误和失败经验，其他人可能会重蹈覆辙。

最后，增加失败成本。如果失败被惩罚，团队会为差劲表现找借口，如“只是还需要更多资金和时间”，无限延迟终止这些注定要失败的项目。这些“僵尸项目”将不断消耗着公司的资源。

公司可以包容“建设性”失败，但是并不意味着容忍无能，因为能力平庸、懒散的工作态度、草率与糟糕的工作习惯导致失败则是不可以的。

此外，创新产生于自由、混沌、开放、冒险、多样、包容，致力于建立这样的文化土壤至关重要。否则即使拥有一流的人才，也不见得能产生伟大的创新，如古人云：“橘生淮南则为橘，生于淮北则为枳，叶徒相似，其实味不同。所以然者何？水土异也。”同一棵橘子树在不同的环境下会结出不同的果实，同样，相同的人才在不同的文化土壤下，能否有创新成果，结果是完全不同的。

（2）建立支持创新的组织形态

阻碍公司创新的原因并非不愿承担风险，而是陈旧的自上而下的管理模式。自上而下的科层式组织系统里，可能有较高的“效率”，但大多数难以产生“创新”。今天的创新是基于协作和开放的，因此要由超级扁平的网络状组织支持协作和共享，让创新的决策不是来自自上而下的权力，而是来自创新共同体的群体选择和通过测试、验证让外部的市场和客户参与，并且让权力和资源向组织的高价值部分流动。

大企业难以产生革命性的创新的原因很多，其中一个很重要的方面就是，从大企业这样的巨人角度来看，几乎所有的创意、创新都是微不足道、前途未卜的细微机会，不影响大局，不值得关注，也不值得浪费时间、人力和资金。大企业的成员，其创意很难获得重视和支持，也不会因为试错而得到激励，反而因为试错导致的损失失败而被惩罚，这就导致人们倾向于故步自封，不思进取，直到外部的创新对于组织产生了重大的威胁，大企业才会缓慢地转身。

（3）建立鼓励创新的激励机制

一家创新著称的公司，内部有一个规则就是，遵循“海豚法则”进行及时奖赏。有一次，一个工程师发明了一个新产品，并冲到老板的办公室，老板一看觉得有巨大的市场潜力，于是便准备立即给予奖励，但是翻箱倒柜，没找到像样的值得作为奖品的东西，只好把桌面上的一根香蕉奖给对方。这家企业的人力资源部就根据这个故事，制作了一种金香蕉奖章，专门用于奖励为公司做出重大发明创新或贡献的人。戴着这个奖章在公司走来走去的人，得到的是同事的各种形式认可和赞美。实践证明，这些认可、赞美和荣誉感所起到的激励作用远大于发出一笔巨额奖金，而且心理学家发现：体验一个大大的美好，不如拥有很多美好的体验。一个每天经历几十个小开心的人，远比遇到一个大喜事的人更幸福！这些美好的体验同时也是一种强大的保留人才的力量。人们在回忆工作生涯最幸福的时刻时，脑海里都有一个第三视角的自己，记忆的最重要功能是编辑故事，尤其快乐的故事，体验构建了一个个的故事。

（4）采用催生创新的合适绩效管理模式

关键绩效指标法（Key Performance Indicator，KPI）这样的绩效管理工具是自上而下的，强调分解、命令、控制、监督的，对人的假设是基于消极、被动的“X理论”的，主要目的是催生效率。而目标与关键成果法（Objectives and Key Results，OKR）是自下而上的，强调聚合、赋能、激发的，对人的假设是基于积极、主动的“Y理论”的，主要目的是催生创新。如果用KPI去衡量创新的关键行为：试错，则几乎是驴唇不对马嘴。工业时代的组织以效率为追求，因此广泛采用关键绩效指标法来进行绩效管理，而数字时代的组织以创新为希冀，因此需要转向以目标与关键成果法等新的绩效管理模式来催生创新和进行绩效管理。

（5）减少规章、制度、流程

创新产生于宽松、自由的环境，过多的规章、制度、流程，只会让组织变得僵化、迟钝、缓慢，阻碍创新。在既定的铁轨上，不要指望每次能看到不同的风景，组织内的那些流程永远不可能产生创新！因此，人力资源部门需要致力于废除那些冗余的流程和避免新增不必要的流程。

（6）重组权力，减少干预

企业内的集权者大多认为：如果提供创新空间，那么纪律、流程、制度就会遭殃，组织将会失控，不利于控制和管理，他们的权力也随之泡沫化。基于利己原则，他们天然是组织创新和变革的阻碍者。驱动创新需要重新配置权力，而且大部分情况下是权力要下放或分散、外放。

（7）致力于人才的优化配置

创新不仅依靠优秀人才的集聚，更需要优化配置，让正确的人上车、错误的人下车、正确的人坐在正确的岗位上。

（8）放松控制

放弃顶层集中决策，将市场选择作为资源分配的依据，通过类似于谷歌的20%自由时间工作制，开发出预算外、超范围的项目，并允许员工有自由的支配时间，对于创新至关重要。

本章小结

（1）有创意只是一个创新的万里长征的第1步，而不是创新的全部。

（2）头脑风暴有两个重要原则：争取数量和悬置判断。

（3）对于企业而言，创新的意义在于客户价值创造和投资回报。

（4）创新是公司所有部门的协作行为，也适用木桶理论，任何一个短板部门，都会导致扼杀创新。

（5）如果只是收入和利润的扩张，只能谓之为增长，如果没有创新，没有新商业模式、新产品、新服务，企业就没有真正意义上的发展。

（6）创新并不意味着全新发明，现有技术的重新组合并以正确的方式提供给市场也可以催生出伟大的创新。

（7）完成发明，并向市场推出了产品，只是创新征途上的第1个里程碑。

（8）正确的创新方向来自数量上的冗余。

（9）在产品开发阶段，时间的集中优于功能的集中。

（10）最小可行化产品并不是浅尝辄止而是见微知著，区别在于是否获得目标客户的可靠反馈。

（11）创新要成功，就必须致力于缩短用户反馈的路径，降低用户反馈的难度，以及更快地对用户反馈做出响应。

（12）创新不再是一蹴而就，而是一个不断向变化和演进的客户需求靠拢的漫长且无终点的过程。

（13）避开失败的组织文化会扼杀创新，并增加创新风险。

（14）阻碍公司创新的原因并非不愿承担风险，而是陈旧的自上而下的管理模式。

（15）自上而下的科层式组织系统里，可能有较高的“效率”，但大多数难以产生“创新”。

（16）创新与组织形态息息相关。

（17）创新不仅依靠优秀人才的集聚，更需要优化配置。

（18）认可、赞美和荣誉感所起到的激励作用远大于巨额奖金。

（19）体验一个大大的美好，不如拥有很多美好的体验。

（20）关键绩效指标法（KPI）这样的绩效管理工具是自上而下的，强调分解、命令、控制、监督的，对人的假设是基于消极、被动的“X 理论”的，主要目的是催生效率。

（21）目标与关键结果法（OKR）是自下而上的，强调聚合、赋能、激发的，对人的假设是基于积极、主动的“Y 理论”的，主要目的是催生创新。

（22）创新产生于宽松、自由的环境，过多的规章、制度、流程，只会让组织变得僵化、迟钝、缓慢，阻碍创新。

（23）权力天然是组织创新和变革的桎梏，创新的主要敌人是权力。

（24）驱动创新需要重新配置权力，而且大部分情况下是权力要下放或分散、外放。

（25）创新需要放弃顶层集中决策，将市场选择作为资源分配的依据。

关于创意的过去思维和未来思维如表9-2所示。

表9-2　关于创意的过去思维和未来思维

创　意	过去的思维	未来的思维
创意的产生	单打独斗、灵光乍现	头脑风暴、集思广益
创意判断方式	提前判断	悬置判断
对未来和不确定的方式	预测、规划	试错
创新的时间长度	一蹴而就	万里长征
创意决策的依据	组织内的领导	组织外的市场与客户
创意的环境	规章、制度、流程	宽松、自由
驱动创新绩效管理方式	KPI	OKR

第10章

FADE OUT OF THE BOARD

公告板的消亡

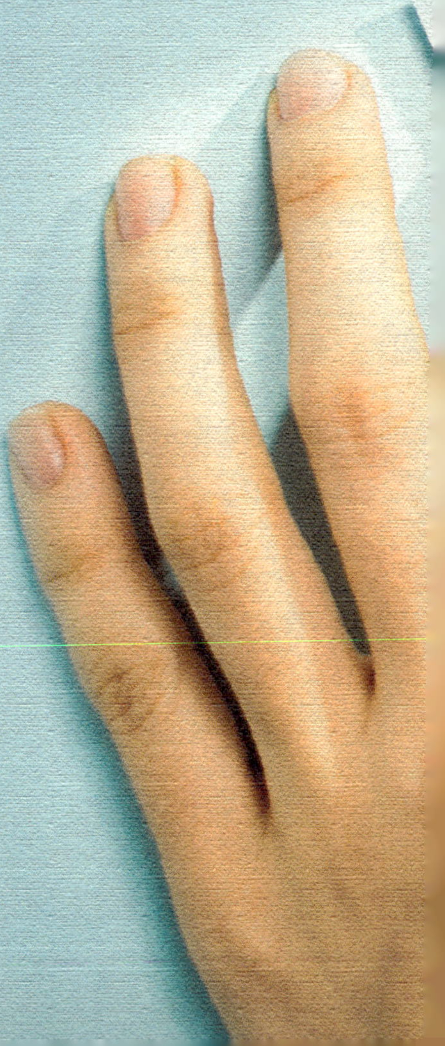

JOB

1

1800年前的招聘佳话

关于管理的谋略、人才的挖掘，总能在历史中找到意想不到的惊喜。21世纪什么最贵？人才！早在我国三国时期，刘备“三顾茅庐”的故事已然得到了印证。

在诸葛亮之前，刘备有一位名叫徐庶的顶尖谋士，却因其母被俘不得已加入曹营，在许下“即使加入曹营也永远不给曹操出谋划策，终生保持一计不出的状态”的承诺的同时，向刘备举荐了诸葛亮。

在兵败曹军，辞别徐庶的失意之际，刘备更从水镜先生司马徽那了解到：诸葛亮自比于管仲、乐毅，才能不可限量，而且同周朝姜尚、汉朝张良一样有才。简单直接的言语，更加深了刘备对诸葛亮这一贤才的好奇与招揽之心。

翌日，刘备携关羽、张飞二人带着礼物前往隆中的卧龙岗登门拜访，但不巧获悉诸葛亮出游且不知归期，三人悻悻地回去，这便是一顾茅庐。虽刘备一行算是吃了闭门羹，但途中从农夫的歌词及居住的环境，了解到诸葛亮体悟人生之深刻，个人影响之深远及不畏权贵的处世态度和心性品格。

欲见贤而不以其道，犹欲其入而闭之门也。

——《孟子·万章章句下·第七节》

“欲见贤而不以其道，犹欲其入而闭之门也。”刘备深谙之道，面对优秀的人才，有自身的诚意且主动出击才是王道。于是，隆冬天气严寒之时，刘备、关羽、张飞三人启程展开二次拜访，以表刘备寻求惊世大才的诚心和诚意，此为二顾茅庐。怎料虽然遇到了诸葛亮的朋友，也见到了诸葛亮的弟弟诸葛均，但最终因诸葛亮的外出云游仍然无缘相见。看似刘备又一次扑空，但通过与其弟弟的交谈，观其弟与朋友的行为举止，侧面反映了诸葛亮的为人和才识，在内心进一步肯定了诸葛亮可比管仲、乐毅等大才。刘备溢于言表之余更是留书一封直表心意：“渴望得到诸葛亮的帮助，平定天下。”

时光荏苒，时至春季，刘备选好日子做足准备，随即便开启了其三顾茅庐之旅。三顾茅庐之时，刘备在经历了诸葛亮看似“不尊重”与“高卧不起”的插曲后，实现了三国鼎立之势。刘备并没有赏重金赐厚禄，而是抛出自己“欲伸大义于天下”的鸿鹄之志，欲看诸葛亮的反应。诸葛亮的回答与意料之中一样并没有让人失望，一语道破“三分天下”之玄机。诸葛亮不仅让刘备得到一个意想不到的答案，更是帮助刘备分析了天下形势。

2

被动下的不被动：“墙”与“桥”

三顾茅庐的典故不乏对人才重视之理、招聘面试之道，在现实中的人才市场中依然奏效。在当今的商业世界里，所有的企业都不可避免地卷入一场没有硝烟的人才争夺战之中。

有统计显示，现在的**人才市场上大约20%的人属于主动人才，80%的人属于被动人才**。主动人才是指主动积极找工作的人，表现为主动寻找机会、主动投递简历等，而被动人才则大多是企业里的优秀在岗员工，他们不会主动寻找工作机会，但对于有兴趣的工作持开放的态度，更换工作的方式是通过人脉资源介绍或猎头公司介绍，他们只观望更好的机会，并且表现出“三不”特征：不主动、不面试、不低就。值得注意的是，80%的岗位是主动人才来填补的，但仅有20%的人才属于主动求职者，拥有关键技能的专业人才往往都是被动型人才，很多情况下企业所需要的关键人才往往都属于被动型人才。**求职者的行为越主动积极，通常在人才市场上的竞争力越弱**。换言之，行业和职场中的那些优秀人才通常都是被动人才。

过去，企业招聘通常是在有职位公告板（Job Board）模式的网站发布招聘广告或职位信息，然后“守株待兔式”地坐等简历投入企业内部，再进行筛选。今天，企业越来越多地需要在短期内募集大量的优秀人才，而优秀人才并不会主动投递简历，这种方式越来越难以满足企业快速招募优秀人才的需要。在人才争夺战白热化的态势下，招聘方式走向多元化的趋势日益明显，职位公告板招聘模式基本走向没落，甚至难逃消亡。在新时期的招聘全流程中，候选人呈现不愿意在求职上浪费太多时间，对应聘环节个性需求多样化，主动求职方式转变为被动求职方式等特征。企业招聘与招聘管理变革方面表现出：期望能够实现高效获取、高效触发、个性化招聘等需求。因此，当下，对于企业而言，这一切变化都是以职位公告板为代表的传统招聘渠道所难以实现的，只能通过人脉关系或职业社交网络找寻或猎头渠道选择优秀的被动候选人，并与候选人建立联系、进行更多的沟通和说服。简言之，就需要通过非常用的渠道与被动人才建立联系，盘活人脉资源，并关注其更换工作的动机与驱动因素，把握其独有特点，差异化地聆听，并有针对性地沟通，虽然速度慢但效果会超出你的预期。

为了顺应这样的大趋势，在线招聘供应商也正在从职位公告板招聘向社交招聘、移动招聘转换，前者是“墙”模式，后者是“桥”模式。所谓“墙”模式是指通过阻断雇主获得候选人简历中的联系方式获利，雇主获取候选人联系方式需要付费。“桥”模式则是建立移动聊天系统让雇佣双方可以直接沟通。优秀人才的稀缺性和人才竞争的激烈性导致：过去的招聘类似于人才采购，即在职位公告板网站发出由简单文字堆积而成的招聘广告，一种以守株待兔、坐等简历的心态进行的人才采购活动。这种“采购人才”的方法在现阶段已越发地难以满足企业对差异化技能人才的需求。因此，现在及未来的招聘工作类似于职位销售，不仅积极运用市场营销的手段，通过尝试各种技术在社交网络等主动寻找合适的人才，并通过多种途径与其建立联系，更通过雇主品牌传播的手段，不断影响被动人才，并要求和说服其加入。这是一种主动自发、营销式的职位销售活动。营销职位不仅能够同时覆盖主动求职者和被动求职者，而且采用营销手段还能提升雇主品牌的传播效果，为招聘人员精准地找到候选人并与之建立可能的联系，提供了有效性的解决方案。过去的雇主是甲方，如同采购，发送需求信息，然后坐等即可。招聘会在哪里，人才涌向哪里，雇主占有绝对的主动权。现在的雇主是乙方，需要向人才推销岗位，而如何将人才化被动为主动，如何提升人才在应聘环节对企业的体验度，以及如何通过良好的招聘体验重塑企业的职场吸引力的过程，都印证了雇主与人才的位置互换。

3 体验与选择

在乌卡时代（VUCA），伴随着全球化的浪潮，高价值的候选人群体也在悄然发生着翻天覆地的变化：他们比以往任何时候更有流动性、更加关注自身体验、更加关注自我价值的实现和发挥。现在的人才特征、招聘形势要求雇主更多地把候选人当作客户，为候选人提供更好的应聘体验。一家企业可能无法短时间内增强自己的实力、提升自己的雇主品牌，但在人才招募——候选人对一家公司认知的首轮环节，可以迅速改善候选人体验，例如，营造适宜的面试地点、缩短候选人等候时间、提高接待人员和面试官的亲和力、改善面试官的面试技巧、面试轮数控制、建立良好的面试氛围，以及在应聘环节适当增添个性化的候选人服务等。

候选人的价值主张衍生于客户价值主张，候选人为什么选择加入这家公司而非其他公司？这家公司究竟以什么要素吸引、保留并激励未来员工的需求？雇主需要认识到面试不是单向选择，而是雇主与候选人的双向选择过程，候选人在做出选择或放弃的决定时，基于其感性认识而非理性认识，而感性认识恰恰是由体验决定的。优秀候选人往往有更为强烈的被尊重需求。根据1943年美国心理学家亚伯拉罕·马斯洛在《人类激励理论》一文中所提出的需求层次理论，人类需求像阶梯一样从低到高按层次分为5种，分别是：生理需求、安全需求、社交需求、尊重需求和自我实现需求。尊重在马斯洛需求层次理论属于第4层需求，尊重需求的满足对于体验的流程要求更高，涉及体验地图的所有触点。尤其是一家企业在实力、雇主品牌不够强又要招募顶级人才时，就越需要放低姿态，让候选人看到诚意和对人才尊重的态度，提高招聘体验。

本章小结

（1）人才市场上大约20%的人属于主动人才，80%的人属于被动人才。求职者的行为越主动积极，通常在人才市场上的竞争力越弱。

（2）被动人才更换工作的方式不是主动求职，而是通过人脉资源介绍或猎头公司介绍，只看更好的机会。被动人才的三不特征：不主动、不面试、不低就。

（3）在线招聘供应商正在从职位公告板招聘向社交招聘、移动招聘转换，前者是“墙”模式，后者是“桥”模式。“墙”模式通过阻断雇主获得候选人简历中的联系方式获利，将雇主和候选人隔绝于墙两端，雇主想获取候选人联系方式则需要付费。“桥”模式则是建立移动聊天系统让雇佣双方可以直接沟通，构建了双方沟通的桥梁。

（4）在职位公告板时代，发布职位信息后，招聘官只要守株待兔，坐等简历，进行筛选，但是这种方式只能接触到主动人才。当企业需要更多优秀的被动候选人时，就需要借助于社交网络和移动招聘平台先锁定候选人，进行更多的沟通和说服。

（5）优秀人才的稀缺性和人才的激烈性导致：过去的招聘工作类似于人才采购，现在及未来的招聘工作类似于职位销售；过去的雇主是甲方，现在的雇主是乙方。

（6）面试不是单向选择，而是雇主与候选人的双向选择过程，候选人在做出选择和放弃的决定时，基于其感性认识而非理性认识，而感性认识恰恰是由体验决定的。

（7）一家企业在实力、雇主品牌不够强又要招募顶级人才时，就越需要放低姿态，让候选人看到诚意和对人才尊重的态度，提高招聘体验。

（8）优秀候选人对于马斯洛需求层次的第4层需求：尊重的需求强于一般候选人，因此对于面试体验要求更高。

关于招聘的过去思维与未来思维如表10-1所示。

表10-1　关于招聘的过去思维与未来思维

招　　聘	过去思维	未来思维
岗位发布	通过职位公告板发布	通过社交、移动客户端方式传播岗位信息
人员遴选	守株待兔，坐等简历	主动出击，沟通说服
职位管理	采购人才	营销职位
面试阶段	单项选择：企业选择用人	双向选择：企业选择用人、人才选择工作
雇方态度	被动迎接，关注人岗匹配	主动出击，关注人员体验

第11章

THE HUGE TRANSITION OF THE TALENT MARKET

人才市场的大跃迁

ARE
HIRING

1

潜移默化中的市场大变局

由于人才市场竞争的高度激烈，优秀人才变得相对稀缺，企业需要花费更高昂的招聘成本、更长的招聘时间才能满足组织的人才渴求。而据统计**当前的人才市场上，只有低于20%的人才为主动人才——主动、积极找工作、投递简历的人。超过80%的人才为被动人才，**这些人才不会主动寻找新工作，往往是所在公司的优秀人才，他们只看更好的工作机遇，往往通过个人的社交网络或猎头等渠道找工作。**一个人才在市场上寻找工作、投递简历的行为越积极、主动、迫切，反而表明其在人才市场上的相对竞争力较差。**

主动人才与被动人才的区别如表11-1所示。

表11-1　主动人才与被动人才的区别

	主动人才	被动人才
特征	• 主动、积极找工作、投递简历 • 能力欠缺、工作经验不足	• 不会主动寻找新工作 • 只看更好的工作机遇 • 所在公司的优秀人才 • 能力强、工作经验丰富
获得新工作的渠道	通过招聘网站主动求职	通过人脉、猎头等渠道
在人才市场上比例	80%+	20%-
职场竞争力	低	高

由于主动人才主要通过传统职位公告板、招聘网站主动寻找和投递简历，所以如果企业试图在这些渠道寻找优秀人才就会犯“缘木求鱼”的错误。

在过去企业招聘的传统方式是，将职位空缺信息发布到招聘网站，然后开始“守株待兔”、坐等简历，这种方式毫无疑问等来的大多是主动人才，这种方式本质上就是**“采购人才”**。而组织越来越渴求的是优秀的被动人才，这和过去企业招聘的目标是背道而驰的，因此企业的招聘急需转型为**“销售岗位”**这种模式：先寻找到合适的对象，再通过沟通、说服方式影响对方加入企业。**传统的职位公告板、招聘网站招聘模式本质上是“墙”模式，**在雇主和求职者之间会建立壁垒，阻止他们沟通，而雇主在这类平台上搜索到认为合适的人才简历后，试图获取简历时如同在婚恋网站一样需要支付费用。而现在的在线招聘的供应侧也正在发生巨大的变化，新的基于**“桥”**模式的移动招聘平台兴起，通过在线聊天系统让雇主和候选人可以直接沟通，而招聘人员的工作则从选择简历、初筛合适的候选人变成了沟通、说服、影响。这也在很大程度上改变了招聘人员的工作机制，因为在传统“采购人才”模式下，求职者投递简历后，招聘人员并不需要实时处理，通常都在工作日的工作时间进行处理并通过电话和对方进行打断式沟通（打断对方的工作进行强制实时沟通），而这事实上未必是一个候选人希望的理想时间段。而在现在的销售岗位模式下，招聘人员可以通过基于“桥”模式的移动招聘平台随时在线实时沟通，这就使得双方沟通的效率、成本都更加优化，给予招聘人员更多的沟通时间，而面试前的沟通时间的长短与候选人的面试到达率成正比关系。

采购人才与销售岗位的区别如表11-2所示。

表11-2　采购人才与销售岗位的区别

	采购人才	销售岗位
主要招聘方式	将职位空缺信息发布到招聘网站，然后坐等简历、筛选后通知	先寻找到合适的对象，再通过沟通、说服方式影响对方加入
主要目标人才	主动人才	优秀的被动人才
主要渠道	职位公告板网站	职业社交网络、基于在线沟通系统的移动招聘平台、猎头公司
主要的工作	处理求职者简历	与候选人沟通
招聘渠道的主要商业模式	“墙”模式	“桥”模式
沟通方式	异步沟通+较少电话实时沟通	在线实时沟通
招聘工作时间	5×8工作日的工作时段	7×24小时中的任何可以和候选人沟通的时间段

传统招聘模式下，在招聘广告效果不佳时，通常是采用延长招聘广告时间的投

放时间、增加招聘渠道等方式，通过不断重复来创造效果，而未来的招聘需要引入更多的营销、品牌技术，通过策划和创意来获得更多的潜在候选人的关注和提高加入意愿。现在通过投放硬广告的招聘方式效果日益衰减，基于职业社交网络的口碑与病毒传播式营销，成为主要的趋势，这源自一个社会学角度的巨大变化。**过去求职者和候选人处于散点状，而现在所有人都置身于一个庞大的社交网络中，**每一个雇主都被迫成为网络的一部分，任何好消息、坏消息都可以通过这张网迅速、广泛地传播，不能顺应和驾驭这张“网”，招聘工作将不可持续。不善于运用社交网络传播招聘信息、塑造雇主品牌，意味着即使耗费大量时间和成本苦苦寻找候选人，但结果只会广种薄收。

过去的候选人与现在的候选人如图11-1所示。

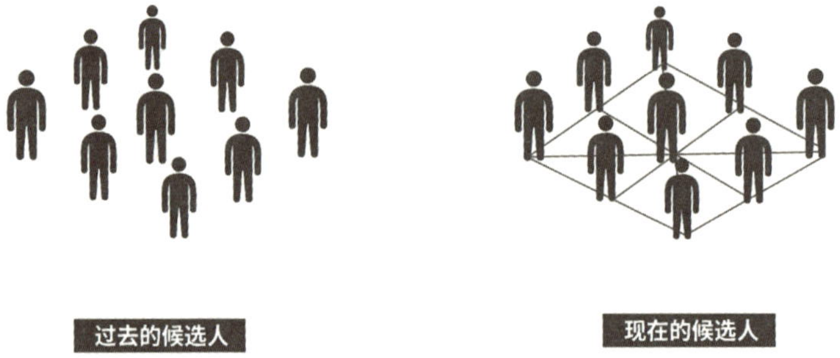

图11-1　过去的候选人与现在的候选人

> 如果你让对方不爽，在真实世界里，他们会告诉6个朋友。在互联网上，他们会告诉6 000个人。
>
> ——杰夫·贝佐斯，亚马逊创始人

2

流程数据背后隐藏的关键因素

现在，人才招聘工作已经日益成为企业最重要的战略工作，因为只有上游有源源不断的活水，组织才能保持正常的新陈代谢机制以促进自身的生存和发展。通过招聘过程中的一些流程数据，人们可以很方便地寻找到决定招聘成败的关键因素。

例如，招聘广告的展示量很大程度上取决于招聘渠道的选择，如投放同一个招聘广告在不同的招聘网站上，广告所获得的展示量会有显著差异，招聘网站自身的流量决定了这个展示量的多少。而招聘广告单击量等于广告的展示量×单击率，而单击率的差异通常源自雇主品牌的强度，如同西门子的招聘广告要比不知名的东门子招聘广告可能要高一个数量级。另外，即使同一个雇主的不同版本的招聘广告，因为创意的好坏，也可能导致广告单击率相差数倍之多（改善广告设计，将显著提高广告效果、降低成本）。招聘广告被求职者单击后，会导向到一个着陆页，这个页面展示雇主的基本信息和职位空缺信息等，这个页面的用户浏览量几乎完全取决于招聘广告的单击量，而着陆页用户浏览量是提升职位申请量/简历投递量的关键因素，因此可以层层反向推理到招聘改进的方向：招聘渠道的选择、雇主品牌的提升、招聘广告的改善。

雇主收到的大量简历未必都是符合职位要求的，职场竞争力越弱的求职者越倾向于采用“海投”这种做法，导致简历邮箱充斥着大量无用简历，而另外，如果选择的渠道不对，如针对应届毕业生的职位空缺广告发布到以社会人才为主的招聘网站，只会收到一堆不符合需求的简历。而符合标准的简历投递量又直接决定每个职位空缺的候选人数量，并影响每个职位空缺的单位招聘成本。雇主品牌也会显著影响招聘成本、速度、质量3个要素，如360公司只需要在招聘网站发布一个星期的广告即可获得足够简历数，而250公司需要数倍时间也未必能达到相同数量，不但速度明显放缓，因为需要延长招聘广告投放时间也导致招聘成本激增，而更糟糕的是，优秀的候选人倾向于只向优秀的雇主投递简历，导致招聘人才的质量也存在很大差异。此外，当“360”和“250”两个公司同样打出100个面试通知电话时，候选人到达率也会因为雇主品牌的差异导致大相径庭。在候选人选才阶段（面试、笔试、测评、评鉴等），**候选人的流失率则由这个阶段所有触点获得的感知总和——候选人体验决定**。即使候选人接受了录用，在新员工阶段的流失率（也被戏称为“煮熟的鸭子飞了”）仍然不低，是否有完善的入职管理、工作体验体系至关重要。新人工作一段时间后，组织会评估是否符合岗位职能的需求标准，而符合岗位需求的录用人数／总录用人数得到的招聘质量比是衡量招聘工作质量的主要核心指标，这个指标的关键因素则是选才技术。

从表11-3可以得出，**招聘的成败已经不仅是由招聘渠道、选才技术等个别因素决定的，而是由职位空缺管理、招聘渠道、招聘广告的策划创意、雇主品牌、候选人体验、入职管理、选才技术等一系列相关原因的综合结果决定的**。这构成了新的木桶理论——招聘如同一个木桶，能装多少水由上述最短的“木板”决定。

表11-3 招聘流程数据和关键因素

	招聘流程数据	关键因素
1	招聘广告展示量	招聘渠道
2	招聘广告单击量 招聘广告着陆页、用户浏览量 职位申请量、简历投递量	招聘渠道&雇主品牌&招聘广告
3	符合标准的简历投递量	招聘渠道
4	每个职位的候选人数量	招聘渠道
5	每个职位的单位招聘成本	雇主品牌&招聘渠道
6	首次接到面试通知后的到达率	雇主品牌
7	数轮面试中的流失率	应聘体验
8	接到录入通知后的流失率	应聘体验
9	入职一周内的新员工流失率	入职管理、工作体验
10	符合岗位需求的录用人数、总录用人数	雇主品牌、招聘渠道、招聘广告、选才技术

3

不断延伸的供给线系统

传统的招聘管理从产生职位空缺开始到给候选人发出录用通知结束，一个招聘经理的英文职位也通常翻译为Recruitment Manager或者Recruiting Manager，而现在越来越多的企业将这一职位翻译为Talent Acquisition Manager ，表面上只是一种更加时髦的翻译，而背后原因却是越来越多的企业意识到人才供给线的健壮与否不仅取决于外部招聘，还和内部的新人阶段入职管理等息息相关。如果招聘人员职能只到发放录用通知，并不需要对于新人流失负责，意味着招聘和入职管理通过明确的分工进行了割裂，设立了职能边界。因为入职管理不佳导致新员工流失率高，最终又导致大量的职位空缺需要招聘，招聘工作做得再优秀也只能是“无用功”，因此很多企业意识到将招聘人员的职能延伸到入职阶段，意味着让他们意识到如果入职管理做不好，就会导致给他们自身增加大量的招聘工作需求，这时候他们最有做好的动机。而组织的人才供给线更离不开内部的正式员工阶段的继任管理、人才储备库、高潜力人才计划等工作，如果把人才供给线割裂为内外部分，如一个职位空缺产生，招聘人员就只能理解为需要招聘，就容易犯头痛医头、脚痛医脚的错误。到底是进行外部招聘还是内部选拔或继任，需要统筹看待，一个总监的岗位空缺产生，或许可以晋升一个经理，而无须外部招聘，晋升的经理产生的空缺则又可以由主管升任，所以一个总监的岗位空缺产生最终可能演化为一个专员岗位的招聘，这也许是成本最低，也是对于组织最有利的解决方案。

人才供给线流程如图11-2所示。

因此，今天人才供给经理有从原来的招聘管理延伸到后续的新人阶段入职管理和正式员工阶段的继任管理这样的人才供给线全流程的全新职能。同时这一人才全生命周期的视角有助于帮助企业系统、有效地解决人才整体供给问题。

职缺管理

内部供给
- 内部继任
- 内部招聘
- 人员与事务重组
- 加班

外部供给
- 内部推荐
- 外部招聘
- 外包
- 业务流程序外包
- 员工派遣租赁

渠道管理

- 招聘网站
- 平面杂志
- 电视
- 招聘会
- 校园招聘
- 猎头
- 专业网站招聘
- 搜索引擎招聘

简历管理

- 简历筛选
- 简历疑点分析
- 简历匹配度排序
- 简历匹配算法
- 量化简历指标
- 岗位-简历雷达图
- 简历去重
- 简历完整度分析

候选人管理

候选人-岗位匹配度

面试

笔试
- 个性测试
- 技能测试
- 智商测试

测评
- 文件筐
- 无领导小组讨论
- 角色扮演
- 管理游戏
- 案例分析
- 演讲

评鉴中心

背景调查
- 学历学位学籍核实
- 工作履历核实
- 过往工作表现鉴定
- 金融违法/个/个人信用
- 非法组织记录查询
- 交通事故记录
- 专业资格验证
- 商业冲突及法人信息

新人管理

入职管理目标
- 减少流失率
- 提高新员工绩效

入职管理内容
- 获取新员工信息
- 法律手续
- 融入团队
- 岗位技能与团队协作培训
- 工具资料准备
- 定期回顾与改善

员工管理

- 离职管理
- 继任管理
- 人才储备库建设
- 高潜力员工的培养与人才供给线
- 职业发展计划
- 员工满意度与敬业度管理

图11-2　人才供给线流程

4

空座位出现前

所有招聘的需求都来自职位空缺，而产生职位空缺后是否一定要进行招聘则需要见机行事。调查发现，**员工的离职总体上有主动离职、自然离职、被动离职（公司辞退）、原职变动、新增职位5种情况。**

主动离职情况下的离职原因和改进措施如表11-4所示。

表11-4　主动离职情况下的离职原因和改进措施

离职原因	改进措施
薪酬/福利	建立具有外部竞争性、内部公平性的薪酬体系
个人职业发展	清晰的人才个人发展计划/晋升机会
直线主管的领导力	领导力发展计划
企业发展前景	情感维系与沟通
价值观与文化认同	建立强有力的价值观
外部工作机会/创业	待遇留人、事业留人、情感留人
工作时间/工作量	合理工作时间与工作量安排
工作压力	员工心理援助计划
同事关系	团队建设

自然离职情况下的离职原因和改进措施如表11-5所示。

表11-5　自然离职情况下的离职原因和改进措施

离职原因	改进措施
退休 / 死亡 / 残疾 健康原因 生育 / 儿童保育 家庭原因 服役 进修 / 入学 ……	继任计划 领导力发展计划 人才储备库建设

被动离职（公司辞退）情况下的离职原因和改进措施如表11-6所示。

表11-6 被动离职（公司辞退）情况下的离职原因和改进措施

离职原因	改进措施
不能胜任（能力不足、效率低下） 工作态度（怠工） 不服从管理/拒绝工作 违纪/违法（贪污/旷工/偷窃……） 与组织价值观/文化冲突 项目结束 / 裁员	继任计划 领导力发展计划 人才储备库建设 人才评鉴 改进培训质量

原职变动情况下的离职原因和改进措施如表11-7所示。

表11-7 原职变动情况下的离职原因和改进措施

离职原因	改进措施
原职晋升 原职调职 原职降职	继任计划 领导力发展计划 人才储备库建设

新增职位情况下的离职原因和改进措施如表11-8所示。

表11-8 新增职位情况下的离职原因和改进措施

离职原因	改进措施
业务增长 业务转型 组织架构重组	领导力发展计划 人才储备库建设

总结来看，改进人才供给的非招聘措施如下。

- 建立全面付出-回报体系。
- 提供清晰的人才个人发展计划/晋升机会。
- 沟通。
- 建立强有力的价值观。
- 合理安排工作时间与工作量。
- 提供员工心理援助计划。
- 提供团队建设。

- 提供留才计划（待遇、事业、情感）。
- 提供继任计划。
- 提供领导力发展计划。
- 调查并提高员工满意度。
- 建设人才储备库。
- 改进培训效果。

如果以上这些措施缺乏或者不完善，则岗位空缺的产生概率就会提高，**而招聘只能治标而不能治本，是职位空缺产生后填补空缺的解决方法，而无法防止职位空缺出现**。因此，招聘是构建人才供给线的重要方式，但不是唯一和根本方式。

5

人才的“总体拥有成本”

如果告知一个客户有两辆品牌、配置差不多的汽车，A车购买成本为60万元，B车为50万元，那么在选择购买哪一辆时，大部分客户都会选择B车，因为毫无疑问：B车的性价比更高。但是如果考虑技术缺陷、质量差异导致的维护成本、无法适用导致的时间成本和替代成本，以及能耗差异等，假设两辆车的寿命都是10年，A车10年的使用成本为50万元，B车为80万元，那么A车的全生命周期成本为购买成本60万元加上使用成本50万元，合计110万元，而B车的全生命周期成本则是购买成本50万元加上使用成本80万元，合计130万元，从全生命周期成本即“总体拥有成本”角度考虑，购买A车反而是正确的选择。

“总体拥有成本”概念的问世源于20世纪80年代后期全球领先的IT研究与顾问咨询公司高德纳（Gartner）的一项研究，这个概念当时在企业财务人员和IT部门中间引起了不小的骚动。此后，“总体拥有成本”便被企业广泛接受，以提供更有效的管理和决策支持。

一家企业的人员招聘成本可以理解为人才的采购成本，包括招聘人员成本、招聘信息系统购买成本、招聘广告成本、猎头服务成本等。很多企业基于降低成本考虑，会避免使用外部专业的猎头顾问服务，采用简单的面试替代专业的人才测评、评鉴等手段，结果只能是导致招聘错误人选的概率大增，而达不到岗位要求的人选将导致人才的使用成本（如招聘成本的浪费、错误决策等对于业务和团队绩效的负面影响、丢失客户的风险、辞退成本）激增。可以得出一个结论：**人才的招聘成本过度降低，会导致用人的风险成本增加，进而导致人才的全雇用周期成本可能大幅度增加。**

6

淮南之橘与淮北之枳

同一个人才，在A公司是高绩效人才，在B公司却是低绩效人才，这里的原因可能未必是人岗不匹配，而是如人才因为个性与新同事的冲突、人才无法适应公司的文化环境等原因，如同中国古人云“橘生淮南则为橘，生于淮北则为枳，叶徒相似，其实味不同。所以然者何？水土异也。”因此，**候选人与企业文化、价值观的匹配有时高于胜任能力与人岗匹配。**

> **没有完美的个人，只有完美的团队。**
>
> ——贝尔宾团队角色理论的基本假设

贝尔宾团队角色理论提出：“没有完美的个人，只有完美的团队。”这个重要原则非常适于招聘选才工作，例如，如果通过最佳团队的能力分析认为，假设该团队需要沟通能力、适应能力、决策能力、影响力、创造力5项胜任能力，A、B、C、D 4个员工具备的能力分别如表11-9所示。

表11-9　A、B、C、D 4个员工具备的能力

员工	沟通能力	适应能力	决策能力	影响力	创造力
A	√	√	√		
B		√	√	√	
C	√	√		√	
D	√		√	√	

而此时有E、F、G、H 4个候选人，具备的能力如表11-10所示。

表11-10 E、F、G、H 4个候选人具备的能力

候选人	沟通能力	适应能力	决策能力	影响力	创造力
E	√	√	√	√	
F			√		√
G	√	√		√	
H		√	√	√	

基于惯常的“选择最优”思维，很容易得出选择E候选人的结论，因为其具备4项能力，其他候选人只具备3项。但是如果考虑到现有团队员工均缺乏创造力，而4个候选人中，只有F候选人具备此项能力，从弥补现在团队能力不足的角度来看，需要招募的人才反而是4个候选人中能力最弱的F候选人，变成了“选择最差”。当然，这是我为了让你体验强烈反差做出的极端性假设，现实中完全可以考虑继续招募。但是毫无疑问，**基于“没有完美的个人，只有完美的团队”的假设，“选择最优”人才思维需要转变为“团队适配”思维**。同时，**“人岗匹配”思维需要转变为“人岗匹配”+“团队匹配”+“文化匹配”思维**。同时，需要站在经济学角度思考“最优候选人”问题，**每一个选择的价值都不能独立于其他选项，做出一个选择意味着放弃了其他选择，这就是机会成本**。选择越多，机会成本就越大，理论上不可能有一个选项在所有方面都优于其他选项。而且选择的机会越多，人们越不愿意做出选择，过多的简历和候选人反而会导致雇主推迟选择，提高招聘成本。

没有完美的个人，只有完美的团队。

——贝尔宾团队角色理论的基本假设

本章小结

（1）当前的人才市场的现状是：只有低于20%的人才为主动人才，超过80%的人才为被动人才。

（2）一个人才在市场上寻找工作、投递简历的行为越积极、主动、迫切，反而表明其在人才市场上的相对竞争力较差。

（3）企业招聘日益从“采购人才”转型为“销售岗位”模式。

（4）在线招聘平台正从招聘传统的职位公告板的“墙”模式，转向移动沟通招聘平台的“桥”模式。

（5）过去求职者和候选人处于散点状，而现在处于网络状态。

（6）候选人的流失率则由某个阶段所有触点获得的感知总和——候选人体验决定。

（7）招聘的成败已经不仅是由招聘渠道、选才技术等个别因素决定的，而是由职位空缺管理、招聘渠道、招聘广告的策划创意、雇主品牌、候选人体验、入职管理、选才技术等一系列相关原因的综合结果决定的。

（8）传统的招聘管理从产生职位空缺开始到给候选人发出录用通知结束，而现在人才供给则覆盖全雇用周期。

（9）员工的离职总体上有主动离职、自然离职、被动离职（公司辞退）、原职变动、新增职位5种情况。

（10）招聘只能治标而不能治本，是职位空缺产生后填补空缺的解决方法，而无法防止职位空缺出现。

（11）人才的招聘成本过度降低，会导致用人的风险成本增加，进而导致人才的全雇用周期成本可能大幅度增加。

（12）候选人与企业文化、价值观的匹配有时高于胜任能力与人岗匹配。

（13）基于“没有完美的个人，只有完美的团队”的假设，“选择最优”人才思维需要转变为“团队适配”思维。

（14）每一个选择的价值都不能独立于其他选项，做出一个选择意味着放弃了其他选择。

关于招聘的过去思维和未来思维如表11-11所示。

表11-11　关于招聘的过去思维和未来思维

招　　聘	过去思维	未来思维
改进重点	选才方法和技术	候选人体验、雇主品牌、广告设计……
思维定式	因岗设人	因岗设人+因人设岗
工作重点	填补岗位空缺	构建人才供给线
人才交付	只向直线经理交付人才	提供专业建议（用人、薪酬）
工作范围	发出录用信	全雇用周期
人才来源	着眼于外部招聘	兼顾内部流动、内部推荐、外部招聘、
品牌依托	依托公司知名度、背景	依托雇主品牌
招聘渠道	单一渠道	整合专业媒体、招聘媒体
信息技术	无/简单网页	招聘门户、招聘管理系统
招聘广告	只有职位需求及工作描述	图文并茂、创意广告、多媒体
目标人才	主动人才	被动人才
风险控制	面试	面试、笔试、背调、测评/评鉴、体检
成本思维	招聘成本	全雇用周期成本
招聘周期	有需求时才招聘	人才战略储备库（长期化且随机应变）
模式	钓鱼式（被动接收简历）	捕鱼式（寻找合适候选人主动沟通）
选才思维	选出最优； 人岗匹配	选出合适； 人岗匹配+团队匹配+文化匹配
简历处理	手工处理	软件自动化处理（条件筛选、疑点查找）
招聘专员的知识背景要求	人力资源管理	营销与传播、量化分析、信息技术、心理学、人力资源管理
招聘事务性工作	内部处理	外包给招聘流程外包供应商
外包后招聘人员的主要工作	招聘管理	提升雇主品牌、人才竞争战略、招聘竞争情报、决策支持数据、评鉴中心、继任计划、人才数据挖掘……

第12章

THE FATAL THIRD RATE OF ATTRITION

致命的第 3 种流失率

1

广义与狭义的流失率

一般而言，狭义上的人才流失率指的是正式员工的流失率，但是从广义而言，从雇用周期考虑，还需要考虑第2种流失率即刚刚录用的尚处于试用期阶段的新员工的流失率，以及第3种流失率即仍处于面试阶段尚未录用的候选人的流失率，也就是人才尚未进入组织就已经流失了。第3种流失率即候选人流失率（外部流失率）的居高不下对于企业的负面影响甚至高于前两者（内部流失率），原因是**正式员工流失的未必是组织中最关键、最优秀、最重要的那些人才，而候选人中最容易流失的恰恰是其中优秀的那部分。优秀候选人可选择的机会更多，他们被其他企业通知面试和录用的概率比一般候选人高得多。**第3种流失率如果长期处于高位还意味着组织长期没有优秀的人才资源流入，导致整体人才质量会下降，同时候选人流失率高还意味着招聘的成本会显著提高，招聘的速度会大为放缓，这些对于一个组织来说都极为致命。如果一个雇主足够清楚，就会明白优秀的候选人有太多的可选项，他们只会选择能够持续提供价值和良好体验的雇主加入，雇主不能采用过时的做法，将其继续应用到今天高度互联和充满竞争的人才市场环境中。现在，社交网络让候选人获取和分享雇主的信息更加容易和便利了，如果雇主的态度非常差劲，便很快天下皆知。社交媒体是候选人的加速器和放大镜，恶劣的对待和糟糕的体验会被极快和广泛地传播。

> 招聘是任何组织中最重要的人力资源活动。
>
> ——拉斯洛·博克（Laszlo Bock），谷歌前任首席人才官

2 高流失率之困

候选人流失率取决于很多原因，如雇主品牌的强度。假如同一个候选人收到了西门子和东门子的面试通知或聘用书，选择哪一家公司显而易见。不可否认的是：**糟糕的应聘体验是几乎所有组织里候选人流失的关键原因。**

候选人体验得到改善的回报：

- 候选人满意度提高。
- 降低总体招聘成本。
- 提升雇主品牌。
- 减少招聘广告成本。
- 候选人流失率降低。
- 加快招聘速度。
- 提升招聘人才的总体质量。

几乎没有企业敢于忽视客户体验，因为直接影响客户购买率、流失率、重复购买率、销售收入和利润等关键业绩指标。但是候选人体验在大部分企业被广泛忽视，虽然很多公司每天都在高谈阔论“以人为本”的口号，但是以下现象在这些公司依然比比皆是。

以自我为中心：强制要求一个确定的面试时间，不给候选人选择和变更的权利。

时间管理差：候选人到达后，需要等待非常漫长的时间才能面试，很多公司平均等待时间高达半小时以上，原因无非是面试官忙于开会、接待其他客户、接电话回邮件、写方案等看似合理的理由。

面试官不专业、不亲和：如面试官穿着、举止随意，提问的问题稀奇古怪，不着边际。

选才流程复杂冗长：过多的面试轮数，过多不必要的笔试、测评，过多无关人员加入的面试。

准备不充分：会议室满了只能在茶水间或一些简陋的房间面试，让候选人觉得极为不受尊重。

……

无论有多少影响候选人体验的原因，都要从最基础角度理解候选人体验：

（1）候选人喜欢什么？

（2）候选人讨厌什么？

试想一下，把以上这些现象中的候选人换成客户，这家公司是否还能在市场上生存发展？在回溯候选人体验时，应该换位思考：如果自己是候选人，那么喜欢被这样对待吗？很多企业的管理人员解决招人难的问题，往往通过提高招聘预算、投放更多招聘广告的方式来解决问题，实际上是治标不治本，是一种巨大的成本浪费。招聘广告曝光量的提高，只会提高职位申请数量。只要导致候选人流失的核心原因——体验的问题不解决，招聘工作就没有向好的可能性。由于招聘工作涉及各部门的配合（如很多候选人面试都需要相关部门负责人担任面试官），首要做的是将招聘工作当成企业的头等大事（要直线部门的负责人将当前本职工作的重要性置于面试之后是件非常困难的事情），而招聘工作的重中之重又是候选人体验。

> **在公司内部，我看不到比招聘更重要的事了，招聘不只是人力资源部的工作，而是上至CEO，下至普通员工所有人的工作。**
>
> ——雷富礼，宝洁公司前CEO

因此，开展以下优化候选人体验工作将极大提高人才招聘工作的效率和质量。

- 优化公司官方招聘主页，改善访问体验。
- 对于所有管理层开展专业面试训练。
- 加强时间管理、控制应聘者等待时间。
- 增加面试前的人性化提醒等，如面试前发送短信和邮件（包含地点、地图、时间、天气等人性化信息）。
- 控制面试轮数，尽可能扁平化。
- 通过技术手段提高甄选效率和录用决策速度。
- 建立良好的面试氛围（从前台态度到会议室的选择）。

……

3

权力的迁移与体验的要义

面试早已不是一个单向选择而是双向互动，今天的人才市场已经发生了权力的迁移，即选择的权力从雇主转向候选人。雇主如果还以自我为中心而不是候选人为中心，不注重候选人体验将导致招聘工作事倍功半。把获取一个候选人和提高候选人体验的好处对比，很容易就能发现，获取一个新的候选人比留住一个候选人成本高得多。如果候选人体验搞砸了，要想让对方回头极为困难且昂贵，更要命的是，他们会在社交网络、朋友圈分享自己的糟糕体验，摧毁雇主品牌，更坏的是，他可能投身于这家公司的客户、合作伙伴、供应商、竞争对手的怀抱。

候选人体验差的很大原因是，整个体验体系是高度碎片化、残缺、内视的。

极致的候选人体验不在于增加经济投入，而是发挥智慧和创造塑造更好的体验条件。

候选人体验需要从如表12-1所示的4个维度进行优化。

表12-1　4个维度

时间维度	设计维度
• 对于候选人面试时间提供更加灵活的选择。 • 候选人抵达公司后，所有互动都需要尽可能做到即时化，避免等待。让候选人等待面试无异于一种惩罚行为，候选人体验的一个最重要的基础原则就是清除任何可能的候选人视角的惩罚性行为。浪费他人的时间无异于谋财害命	• 设计合理的候选人体验旅程。 • 细分出所有的颗粒化的触点，分析每个触点上候选人可能的所感、所思、所为，确保每一个触点的微体验尽可能做到极致。 • **价值堆叠：如果通过候选人旅程地图让候选人体验触点，在这些颗粒化的点上获得的美好体验（智力和情感的满足感）的叠加，就会直接获得影响候选人决策的感知。**极致体验的前提是相关性，也就是候选人存在相关的内心心理需求，如尊重和自我实现的需求。同时，**候选人越接近企业的“员工价值主张”触点，微体验越重要**

续表

技术维度	互动维度
• 通过技术手段建立双向评价系统，约束面试官等行为。 • 通过候选人到达前台后扫描二维码自动记录其到达时间，开始面试时由面试官开启数字按钮来计算候选人从抵达到开始面试的等待时间、面试起止时间等。 • 通过短信、邮件等数字手段即时通知。 • 通过强大的候选人关系管理系统、候选人跟踪系统提升体验	• 与候选人发生接触的保安、前台人员需要进行态度与行为的培训和约束。 • 面试官需要进行专业的培训，确保友善、尊重、专业

设计候选人体验主要基于以下5个支柱。

（1）设计。设计一个取悦候选人的体验旅程。候选人体验设计的核心是建立一个以候选人为中心的体系。

（2）触点。候选人对于雇主的感知建立于一个个的触点之上。

（3）环境。相关人员的表情、工作场所的氛围、整洁的面试场所等。

（4）反馈。获取候选人的有效反馈，不断改进。

（5）创新。通过全新的流程、触点、方法来优化候选人体验旅程。

候选人体验的设计和改进基于以下3个重要原则。

（1）理解候选人，站在其角度理解他们的好恶。

（2）创造极致的候选人体验：预先触点、起步触点、核心触点、结尾触点。

（3）通过数字化手段帮助体验改进。

其中，候选人体验中的4种触点环节的构成如下。

（1）预先触点环节。雇主和候选人正式接触（首次进入雇主的工作场所面试前）前的触点。例如，候选人观看的招聘广告、职位说明、官方招聘站点、电话面试通知、邮件面试通知、在社交网站或雇主点评网站看到的评论、搜索公司关键字的结果、新闻媒体或互联网阅读到的雇主相关新闻、从雇主的员工或离职雇员处获得的评价。

（2）起步触点环节。起步触点会形成第一印象和感知，奠定候选人对雇主的感知，作用巨大，因为由**初始的信息形成的感知不会受到识记中“前摄抑制”的影响**。起步触点会形成“成见效应”，成见效应也会对于起步触点形成的第一印象加深和拓宽。

（3）核心触点环节。候选人在与候选人接触的过程中，导致其放弃或加入的触点，在这些环节产生的失望、喜欢、感动、愤怒、惊讶、奇怪、鄙视、赞赏等感受，直接导致候选人是否愿意接受后续面试、聘用。通常核心触点主要阶段在面试过程中。

（4）结尾触点环节。候选人在脱离与雇主接触或加入雇主成为员工前的触点，一般结尾触点是发出聘用书的邮件、电话或面对面沟通。

候选人旅程的4种触点如图12-1所示。

图12-1　候选人旅程的4种触点

例如，在改善官方招聘站点时，可以思考以下问题：

（1）候选人访问官方网站时，看到了什么？

（2）从官方招聘站点是否可以全面、便利地获取需要的信息？

（3）展示的图片、视频是否准确传达了员工价值主张？

（4）设计是否体现了我们的品位？

候选人旅程如图12-2所示。

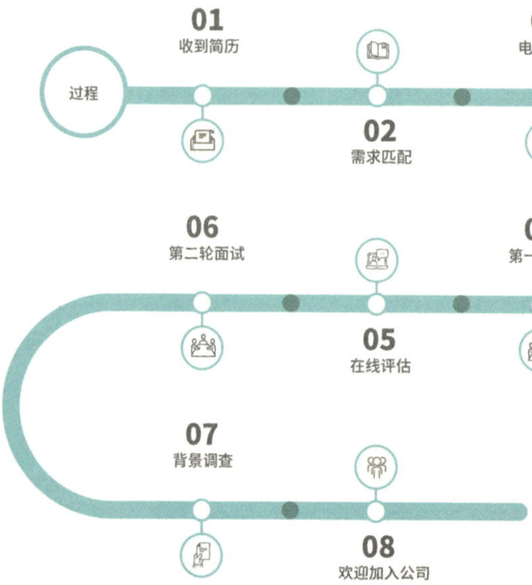

图12-2 候选人旅程

所有触点的微体验需要进行价值分层分析，将候选人旅程的全部触点绘制成一张现状图，通过时间先后排列，通过颜色标记体验正向或负向。

触点微体验的价值分层如表12-2所示。

表12-2 触点微体验的价值分层

正向体验/喜欢	极致体验	创新区
	远超预期的优秀体验	
	超出预期的良好体验	
无感/分界线	基础体验	边界区
负向体验/延误	低于预期的不佳体验	危险区
	远低预期的糟糕体验	
	恶劣体验	

此外，需要注意的是体验的好坏、引发的满意度，很大程度上和候选人的预期高度相关。

候选人满意度=体验/心理预期

候选人的心理预期是基于雇主做出的单方面承诺或宣传材料所展示的形象的，而雇主的招聘、面试相关人员对待候选人的态度、行为决定了候选人体验，而候选人满意度决定了候选人流失率。

为了创造极致的体验，雇主就需要建立**价值储备体验，即公司未承诺，但可提供选择的体验，在出其不意时提供，以创造极致体验**。同时需要杜绝**承诺体验鸿沟的出现，即招聘面试相关人员对待候选人的态度和行为带给候选人的心理落差**。

候选人触点改进计划：

- 是否构建了完善的候选人体验旅程，并且精细地分解为颗粒化的触点。
- 了解候选人在每一个触点都经历了什么？所感、所思、所为。
- 改进、优化每一个触点的体验，每一个触点都传递了企业的人才观和价值，为候选人创造多层次的动态价值。
- 优化体验旅程，增加、删除、修改现有触点。
- 是否设置了候选人体验信息的收集方式、工具和流程。
- 是否构建了促进和奖励机制，提出改进触点上候选人体验的建议。
- 是否通过调查机制有效获取候选人的真实反馈？

以下为候选人体验改进会议的参考讨论清单：

- 候选人讨厌等待，我们如何控制？
- 候选人喜欢什么价值，是否和公司的员工价值主张一致？
- 候选人可以便利地获取我们的信息吗？
- 候选人在每一个触点上的所感、所思、所为是什么？
- 其他企业的候选人体验可以有哪些值得借鉴？
- 候选人可能有很多不满，他们最不满的是什么？
- 相对于候选人而言，我们公司的最大吸引力是什么？有效传达了吗？
- 我们对于候选人的期望了解多少？如何了解的？
- 我们如何收集候选人体验数据，并分析？
- 我们是否建立了候选人体验质量控制和优化体系？

通过以上这样的问题进行讨论并制订行动计划，有助于将候选人体验推进到极致化。

4

奇妙的心智

组织角度的候选人的流失，对应的是候选人角度的选择与放弃，这就可以回归到人们做选择时的根本模式——理性模式与直觉模式。

理性模式与直觉模式如表12-3所示。

表12-3 理性模式与直觉模式

理性模式	直觉模式
理性模式也被称为“思考”模式，通过理性和逻辑分析问题，找到解决方案。这种模式很容易受限，如一般人短时记忆不超过7个数字	基于过往的经历及简单的经验规则做出判断，通常受限于情绪感受及身体感知

理性模式和直觉模式两套系统既平行独立又相互协作，偶尔也会出现分歧。很多时候认为人们做选择都是理性思考的结果，实则不然，人们的大部分决定都是因为感受、情绪、冲动而做出的。所以，候选人应聘过程中遇到的如前台工作人员不友好的态度都会直接导致候选人选择放弃而不是因为公司的好坏、是否有利于自己未来的职业发展等。

候选人决策时的心智会受到表12-4中3种效应的影响。

表12-4 决策被影响的3种效应

模糊效应	人们本能地趋利避害，回避对那些可能导致不确定结果的事物做出判断，当不确定性增加时，大多选择放弃。所以如果公司的官方招聘主页提供的信息不完备，而候选人又对此公司比较陌生时，选择放弃的可能性就会增大
锚点效应	人们在对某人某事做出判断时，易受第一印象或第一信息（最初的锚点信息）支配，就像沉入海底的锚一样把人们的思想固定在某处。通常候选人最初接触企业的相关信息是在招聘网站或官方招聘主页，这些页面的视觉呈现、功能强弱、速度快慢都会构成候选人判断的锚点信息
选择超载效应	人在面对从多复杂选项时，总不能理性做出选择。当候选人接收到的面试通知、聘用信越多时，通过直觉模式判断的可能性更高了

除此以外，候选人还总是通过“认知捷径”来进行判断和选择，而且这个过程是下意识而非主观刻意的。

懒惰：有趣的是人们的大脑总是尽可能避免工作，即使人们一直尝试努力运转它，所以候选人大多数决定是开启直觉模式做出的。

非理性：候选人根据体验而非理性判断来决定是否有必要加入这个雇主。

比较：通过他人对于某个公司、组织的喜好，来评判价值。例如，候选人在选择雇主时会通过Glassdoor、看准这样的网站去查看评分、点评信息。

相信权威：通过专家或获得的奖项来评判产品或行为价值，尽管不确定这些专家是否靠谱。例如，查看企业获得了哪些最佳雇主奖项。

从众：周围的人（如同学、同事、朋友）做了某事，人们也会倾向于这样做，视频情景喜剧中会增加背景笑声以让观众笑得更多。

基于候选人的“认知捷径”倾向，组织需要提高候选人到达率、聘用书接受率，就需要遵循以下几个重要原则。

（1） 极简原则。消除候选人的行动障碍，一件事越容易做，对方行动的可能性越大，如在接受聘用书时只需要一键确认。

（2）美观原则：因为晕轮效应，如果人们喜欢某件事物的外观，那他们会倾向于喜欢这个事物的整体，所以官方招聘主页、面试通知邮件、聘用书的视觉美观性就很重要。

（3）奖励原则：基于海豚法则，人们更喜欢那些有奖励的体验，如快递一个书面的精美的聘用信，附上一束鲜花，这个做法会显著提高候选人的愉悦感受，并提高接受的概率。

（4）承诺原则：令人激动或承诺过的行为，会让人们更有可能去实施行为。因此在面试沟通中取得对方的承诺，哪怕是口头承诺也至关重要。

从体验与行为学角度看，候选人流失就会有很多新的视角。

（1）线索提示：没有提示或没有注意到提示，不能从环境中获取产生行为的提示，如面试前，雇主没有发出短信或邮件面试提醒，导致候选人遗忘。

（2）直觉反应：候选人看到官方招聘主页的不完善，导致不信任此雇主。

（3）有意权衡： 候选人没有太大动力去应聘，或者需要花费较大工夫。在多个面试通知或聘用信中，缺乏吸引力。

（4）行为能力： 候选人不确定能否应聘成功，对自己缺乏信心，恐惧面试失败。

（5）紧迫感： 其他紧要的事情打断了候选人的行为，使其不能参与面试等。

因此，需要制定一个支持候选人的积极行为策略，如表12-5所示。

表12-5　支持候选人的积极行为策略

分　类	行为策略	具体做法
提示	用提示引起行动	告诉候选人行动是什么
	增强提示力量1	扫清干扰
	增强提示力量2	选择多种提示方法
反应	增加信任	提高网站和邮件的美观性、专业性
	增加兴趣	部署社会佐证
	绕开自动拒绝	“行为召唤”按钮更加明显
评估	提高动机1	准备与候选人相关的联系
	提高动机2	利用损失厌恶、告知其之前的行为承诺
	降低行为成本	降低认知成本、减少选择负担
能力	增强逻辑性	引出实施意图
	降低失败成本	选择恰当场所，减少正式性
	增加可行性意义	提示雇员价值主张
时机	提高紧急程度	框定文本避免忽略
	选择恰当时间	如面试前发出提示短信

候选人体验是一个涉及管理学和行为心理学的复杂问题，却在企业中长期得不到重视，让企业付出沉痛的隐性成本。**今天衡量一家企业是否真的重视人才工作、是否真的“以人为本”，最好的试金石就是把候选人体验置于客户体验一样的重要位置。**

5

候选人体验改进的量化方法

候选人反馈法（Voice Of Candidates，VOC）： 从候选人反馈中识别、筛选、提炼其需求的研究方法，以获取对方的体验、感受、观点。原则是跟随候选人的思路，挖掘属于候选人的感受和看法，不强求问题顺序和结构，以确保访谈对象的思维连贯性。在访谈对象的反馈中标注出场景或触点，站在其角度去理解和思考感受到的客观状况。之后对于访谈对象的反馈进行归纳、提炼和转化，转化为需求、认知、痛点。

净推荐值法（Net Promoter Score，NPS）： 最早是由全球领先的战略咨询机构贝恩咨询公司客户忠诚度业务的创始人弗雷德里克·雷赫德（Frederick Reichheld）提出的，是一种计量人们向他人推荐某个企业或产品、服务、解决方案可能性的指数。这一方法同样可以应用到候选人管理领域的量化上。

净推荐值（NPS）=（推荐者数 / 总样本数）×100% –（贬损者数 / 总样本数）×100%

应用时，提的问题很简单，向候选人提问："您体验了该公司的全部招聘流程后是否会愿意将该公司推荐给您的朋友等熟悉的人？"然后根据愿意推荐的程度让其在0~10分来打分，然后设定3个区间。

- 赞赏人群（得分在9~10分）：具有高度好感，视为优先选择，并踊跃推荐。
- 无感人群（得分在7~8分）：总体满意但并不热切，会考虑其他雇主。
- 贬损人群（得分在0~6分）：不满意，没有推荐意愿，甚至会在社交网络发表批评和贬低意见，增加负面口碑。

NPS分值在50%以上是体验极度优良的状况，调查显示大部分企业的候选人体验NPS值在5%~10%徘徊。

净推荐值首先作为一个候选人满意度衡量指标存在，反映出雇主在候选人内心的认可程度和加入意愿。而其他候选人已然置身于现实扭曲立场，来自互联网、社交圈的评价重新定义了雇主品牌形象和吸引力。潜在的候选人会通过搜索来获取公司的信息以决定是否参与面试，一次搜索通常会触发两个后续行为，几乎所有的搜索都是目标导向性的，并且为了后续决策（接受面试、接受录用）收集论据，而这些推荐、贬损人群是贡献这些数字证据的主力军。

本章小结

（1）人才流失率分为3种：一是正式员工的流失率，二是新员工的流失率，三是候选人的流失率。

（2）正式员工流失的未必是组织中最关键、最优秀、最重要的那些人才，而候选人中最容易流失的是其中优秀的那部分。优秀候选人可选择的机会更多，他们被其他企业通知面试和录用的概率比一般候选人高得多。

（3）糟糕的应聘体验几乎是所有组织里候选人流失的关键原因。

（4）候选人体验糟糕的典型原因是：以自我为中心、时间管理差、面试官不专业/不亲和、选才流程复杂冗长、准备工作不充分等。

（5）价值堆叠：如果通过候选人旅程地图使候选人体验触点，在这些颗粒化的点上获得的美好体验（智力和情感的满足感）的叠加，就会直接获得影响候选人决策的感知。

（6）候选人越接近企业的“员工价值主张”触点，微体验越重要。

（7）初始的信息形成的感知不会受到识记中“前摄抑制”的影响。

（8）价值储备体验：公司未承诺，但可提供选择的体验，在出其不意时提供，以造就极致体验。

（9）承诺体验鸿沟：招聘面试相关人员对待候选人的态度和行为带给候选人的心理落差。

（10）人们做选择时有两种模式：理性模式与直觉模式，大部分时候人们都是用直觉模式。

（11）候选人做决策时的心智会受到3个因素的影响：模糊效应、锚点效应、选择超载效应。

（12）候选人总是通过“懒惰”“非理性”“比较”“相信权威”“从众”等几种认知捷径来进行判断和选择。

（13）今天衡量一家企业是否真的重视人才工作、是否真的“以人为本”，最好的试金石就是把候选人体验置于客户体验一样的重要位置。

关于引发人才流失的维度的过去思维和未来思维如表12-6所示。

表12-6 关于引发人才流失的维度的过去思维和未来思维

引发人才流失的维度	过去思维	未来思维
时间维度	无法选择面试时间、等待面试时间过长	提供更加灵活的时间选择、缩短面试等候时间
地点维度	面试室临时选择，环境简陋，或在面试过程中频繁更换	因提前预订面试地点，并设计好场所环境
人员维度	接待人员与安保的行为与态度、面试官的专业度与亲和度	需对接待人员和安保进行培训；面试官需提升面试问题的专业度以及自身亲和力
信息维度	信息掌握不全面，如不清楚面试当日天气与路况	通过自动化触发如邮件、短信进行全方位提醒

第13章

TALENT EVOLUTION AND PETER'S VACCINE

人才进化论与彼得的疫苗

1

人才标准的进化

人才的标准在人类社会历史上经过数次变迁，第1阶段是在第20世纪以前，优秀人才的主要标准是生理体力是否强壮，之后到20世纪80年代以前，进入第2阶段：优秀人才的主要标准逐渐转变为智商。

智商高使得有些人善于理解和解决问题、分析复杂状况并且在利用最新信息方面比别人更加迅速，称为思维敏捷、聪明智慧。智力是一个关乎物种生存的基本因素，理解模式、熟悉环境及为了生存发展不断调整适应等这些基本能力并不只有人类具备。有些人天生具备更加敏捷的思维、更加聪慧的大脑并且比他人更具有洞察力，在判断力上更加准确，学习速度更迅速，知识范围更加宽泛。1921年，心理学家们对于智商的解释是：

- 获取知识的能力。
- 抽象思维的能力。
- 适应环境的能力。
- 学习或吸取经验的能力。
- 以心理线性为量度，反应良好的能力。

1997年，心理学家戈特弗雷德森（L. S. Gottfredson）重新定义了智商，认为：“智商是一种非常一般的心理能力，涵盖多方面的能力，如推理、计划、解决问题、抽象思维、理解复杂观点、快速学习即吸取经验等。智力不仅限于书本知识的学习、狭隘的学术技能的获得，或者对测试结果的描述。智力是对熟悉周围环境这一更宽泛、更深刻的能力的反映，指的是‘理解’ ‘理解事物’，或者‘分析’得出应该采取的行动。”

今天对于智商的准确定义仍然存在争议并且尚未达成共识，但对于智力的重要性所有专家能够取得一致共识。在对于所有智商的定义中，有两点属于最大公约数：吸取经验的能力、适应环境的能力。智商水平高低一部分由先天决定，另一部分由后天习得。基因遗传能够给人带来先天智力优势，如同一台计算机的存储容量和运算能力高于另一台。

关于智力的类型，争论从未休止。心理学家卡特尔（1987）将**智力分为晶体智力（Crystallized Intelligence）与流体智力（Fluid intelligence）两种**。在物理学中，流体可以以任何形状存在，然而静态晶体是一成不变的。流体智力是指随着信息流传入感知层，对信息加工处理做出反应的能力；只要有新状况出现，迅速适应的能力；还包括理解人际关系、处理陌生问题及学习新知识的能力。晶体智力则是已具备的能力，经历后已经成为个体固有的部分。晶体智力是固化在人们大脑中的想法和知识，是终身学习后累积的根基和主体。它可以是处理事情的方式，也可以是不自觉出现在脑海中的歌词或诗句，或者是某一职业应该具备的处理事情的合理方式。流体智力在20岁之前达到最大值，之后保持平稳，老龄化后会出现下降。但只要一个人保持积极思考，那么他的晶体智力会不断增加。晶体智力与经验的联系更加密切，是循序渐进、不断积累的。当老员工与一个新员工或实习生相比时，几十年的经验能给他提供重要的优势。然而晶体智力也是受流体智力影响的，因此在学习新事物时，有些人要花费更长的时间。此外还有其他因素影响智力。例如性格：内向的人喜欢阅读、学习，而和他们同样聪明的外向个体喜欢社交、寻找乐趣及动手实验。无论是从书本里还是从他人身上，人们都可以学到东西。内向的人喜欢独立学习，他们在晶体智力的测试中通常表现得更好。很明显，积极性也是影响智力的一个重要因素。一个对学习有高度积极性的成年人与学习兴趣略低的成年人相比起来学习效率更高，学习成果更加扎实。一个有趣的现象是美国政治学家詹姆斯·弗林（James Flynn）发现人类整体上（尤其在发达国家）的智力在不断提高，他把此命名为“弗林效应”。“弗林效应”没有指出影响智力水平的遗传因素，而指出了环境因素：教育、营养、社会趋势、父母参与、社会环境等。

达到基本智力水平的人能够对更为复杂的工作表现做出更有效的预测。智商对于某些工作至关重要，但是也并非绝对，如人们发现智商高低与服务岗位的人才的业绩关联度就不高。对于从最简单的工作到最复杂的工作，通过智力水平预测的有效性数值介于0.2~0.8。1973年，发生了一件具有里程碑作用的事件，预示着人才标准进入第3阶段：美国哈佛大学教授、行为心理学家大卫·麦克里兰（David McClelland）在《美国心理学家》杂志发表了《考察胜任力而非智力》（*Testing for Competence Rather than for Intelligence*）一文，这彻底改变了人类社会的人才观。他领导的研究小组经过大样本的研究发现，传统的知识、技能测试甚至智商测试并不能预测个体绩效的高低和个人发展的成功，而胜任力能将某一工作中的卓越者与普通者区分开来的。现在，人才标准已经进化到第4阶段：潜质。因为商业环境日新月异的变化，只能胜任当前岗位还不够，还需要人才能持续不断地学习以适应未来全新的能力需要和挑战。**高潜力是指人才有足够的天赋和潜在能力在当前或未来创造出更好的业绩**。潜力意味着有提升和进步的可能性，高潜力的人才会在成长过程中拓展能力或优化天赋。高潜力意味着在努力实现可达到目标的同时，积极探索个人的天赋、利用自身已有资源，并对其进行持续发展与提升，即拥有必须发展和实现的能力。

2 潜力与楚河汉界的大变局

秦末汉初，韩信参军投奔项羽，其间曾向项羽出谋划策，但都被忽略，而且项羽没有识别高潜力人才的能力，韩信一直未受重用，自觉一身武功无法施展，便叛逃刘邦。**人才市场是个零和博弈市场，**如果无法发现和正确任用高潜力人才，人才就会流失，导致公司组织能力流失，而这些人才如果流失到竞争对手那里，会导致组织的损失加倍。

你失去的任何东西，其价值自动翻倍。

——米杨·麦克劳林（Mignon McLaughlin），

《第二个神经质的笔记本》的作者

刘邦也没有识别高潜力人才的能力，开始也没有重用韩信，只安排他当了一名小军官。有一次，韩信偶然遇到刘邦的亲信萧何，一席长谈之后，萧何对韩信极为认可，认为韩信堪当大任且是不可多得的中华英才，便向刘邦推荐了韩信，但此时韩信和一帮想家的士兵逃跑了。这就发生了历史上著名的“萧何月下追韩信”的故事，后来萧何向刘邦极力举荐了韩信，刘邦最后同意封韩信为大将军。发现和合理任用韩信这位高潜力将才，成了“楚河汉界”时期的一个重要转折点，最终导致了项羽遭遇四面楚歌、十面埋伏，直至乌江自刎。从某种程度上讲，韩信这位高潜力人才，直接改变了历史进程。把最优秀的员工放到最合适的岗位，使其充分施展才干，从而整体上提升组织业绩，也就是将具备应有技能的合适人才与恰当的职位结合起来，人尽其才，为公司和人才自身创造更多价值。高潜力人才是组织最大的宝藏，识别和合理任用高潜力人才将最大化挖掘组织的潜能。

在招聘的时候，如果每个人都选择比自己“矮小”的人，我们的公司将成为“侏儒”。但如果每个人都选择比自己“高大”的人，我们的公司将成为“巨人”。

——大卫·奥美（David Ogilvy），广告教父、奥美广告创始人，《奥美谈广告》的作者

高潜力人才管理的不同阶段和视角如表13-1所示。

表13-1 高潜力人才管理的不同阶段和视角

不同视角 不同阶段	组织、人力资源部视度	个体视度
识别	如何发现人才的潜力	如何能正确认识自身的潜力
培养	如何挖掘、培养人才的潜力	如何发展和宣传自己的潜能
留用	如何留住高潜力人才	如何在一家公司的某个位置站稳脚跟

“潜力”处于人才的能力路径上升部分。成就与业绩代表了过去行为的结果，而潜力则决定人才在未来能够实现的宏图伟略。机遇、财富等难以预测的外在因素都可能大大改变人的潜力，所以让人遗憾的是，很多时候**潜力的展现是偶然的，而组织的工作就是把高潜力人才成功的偶然性通过流程机制变成必然性。**

企业为了满足对于基业长青的终极追求，必须构建强有力的人才供给线，这就需要建立一个继任体系。继任体系的强健性构建在人才储备库的基础上，人才储备库的构成则是高潜力人才，因此高潜力人才的发现和培养至关重要。

企业基业长青的逻辑如图13-1所示。

图13-1 企业基业长青的逻辑

如果使企业基业长青的这套机制没有建立，当组织出现领导岗位空缺时，那么唯有寄望于外部引进领导人才了，而根据“企业领导力协会”的研究：**外部新任**

高管的失败率高达90%。原因大多是**组织会自动激发“免疫系统”来排斥外来的改革者**，同时外部人员仅了解情况就需要非常长的时间周期，并且需要组织付出大量“学费”。这意味着，**聘用外部高管空降于公司近似一场赌博，只能作为不得已时的后备选择。**与外部人才相比，组织掌握了更多内部候选人的人才评估数据、业绩数据，则误判的概率会较低，而且组织也大多不会提拔一个不认可组织价值观和文化的高管人才。然而只是靠一两个高管的慧眼挖掘、培养和任用优秀人才是不够的，组织需要一套有效的继任机制。现在的问题是，组织怎样才能知道谁未来会表现得好？谁又能够在短期、中期及长期里都发挥潜力，取得突出业绩？如何把岗位与员工进行理想匹配？

“在招聘的时候，如果每个人都选择比自己‘矮小’的人，我们的公司将成为‘侏儒’。但如果每个人都选择比自己‘高大’的人，我们的公司将成为巨人。”

——大卫·奥美，广告教父、奥美广告创始人，《奥美谈广告》的作者

3 高潜力的新定义

高潜力是相对平庸而言的，潜力高意味着拥有取得成功及最佳绩效的最大可能性，但是潜力都是稀缺的。说到高潜力人才，人们通常会想到天资聪颖、能力突出、经验丰富、洞察力强、成熟练达、天赋异禀等形容词汇，但是这些描述无法作为评判的客观标准。识别与管理高潜力人才并不容易，而且潜力绝不是单一片面的，人才的表现（或绩效、业绩等）取决于多方面因素，如对工作的熟练度、工作积极性、业绩奖惩制度和与同事的合作等。同时人才自身的技能、努力程度与其所处的环境息息相关。人才可以选择并改变工作环境，同时也受环境的影响。高潜力人才通常充满活力，适应性强，并不断地与团队、企业文化交互。因此，要把人才、组织，以及现在与未来的工作环境相结合，才能给高潜力下定义。高潜力还涉及角色、级别、时间点、战略地位等因素，如某人作为一个钢琴家具备高潜力，但作为画家也许就资质平平了。一个人具有胜任经理的潜能，但是完全不具备担任总监级岗位的潜力。通常认为极富天资、最能产生高绩效的人最终都会变得富有影响力，扮演管理者和领导者的角色。然而潜力并不一定是指领导力潜能，领导力只是潜力所需要的特定技能与品质的其中一类。行为心理学家通过研究高潜力人才的胜任力，发现高潜力人才的胜任力有一些一致特征，如表13-2所示。

表13-2　高潜力人才的胜任力的一致特征

序号	胜任力	胜任力特征
1	领导和决策	掌控全局、施展领导力；引领行动、指引方向、承担责任
2	扶持与合作	对他人给予帮助并在社交场合对他人表示尊重和给予积极评价
3	互动与展示	能够开展有效的交流与交往；能成功说服、影响他人；以自信轻松的状态与他人互动
4	分析与阐释	具备清晰的分析思考能力；能抓住复杂问题的核心要害；成功运用自己的专业技能；快速学习能力强

续表

序号	胜任力	胜任力特征
5	创造与概念化	对新观念和新体验有良好的适应能力与开放态度；主动寻求学习机会；用创新和创造性解决问题
6	组织与执行	未雨绸缪，行事系统性极强；遵循指令与步骤；注重客户满意度并依据共同标准交付高质量的服务
7	适应与承受	面对变革，反应迅速，适应性强；有效管理压力，面对挫折不屈不挠
8	创业与业绩实现	注重结果及个人工作目标的实现；当工作与成果直接挂钩时，工作状态最佳，其中有明显的个人努力因素的影响；对商业、贸易、金融有一定的理解

全球领先的人才测评机构SHL的研究认为，只有1/7的高绩效者是高潜力人才。通过数十年基于高达660万名员工数据的调研，SHL重新定义了潜力，认为高潜力人才需要同时符合以下3个特征，如图13-2所示。

- 有意愿：有晋升到更高职级的抱负。
- 有能力：有在更高职级的岗位上肩负更多责任并取得成功的能力。
- 敬业：愿意为工作持续、更多地投入并乐于应对更高的挑战。

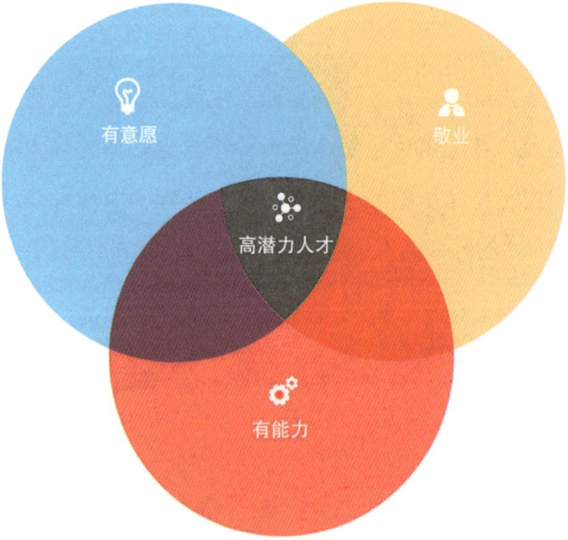

图13-2　高潜力人才需同时符合的3个特征

意愿可以通过访谈法了解，只是这个意愿需要建立在人才对于更高职级工作的内容、要求、责任、压力的充分了解和理解基础上，否则就成了“叶公好龙”式的抱负了。能力不是其胜任当前职位的能力，而是晋升一两个级别后的岗位所需要的能力，例如，普通销售专员只需要与销售相关的产品理解、沟通、影响能力，而销售经理则需要管理团队的能力了，这里需要考察的能力还包括未来是否具备肩负多重任务和角色的能力。对于敬业的理解则不是建立在主观调查基础上，而是行为观察基础上的。关于敬业度调查的最知名问卷就是盖洛普公司的Q12敬业度调查问卷（见表13-3）了，这个问卷是以30多年的深入研究为基础，涉及2 700万名员工而达成的研究成果。对于这个问卷测试的错误理解是：这个问卷是用于测试对象是否敬业的。事实上，这个问卷是用于测试对象是否处于一个促进其敬业的组织环境的问卷。对于目标对象是否敬业的判断应该通过观察来实现，即观察其是否具备与敬业相关的行为：勤奋努力、专心致志、精益求精等。

表13-3　Q12敬业度调查问卷

问题序号	问题	目的
Q1	我知道对我的工作要求	给我方向
Q2	我有做好我的工作所需要的材料与设备	给我资源
Q3	在工作中，我每大都有机会做我最擅长做的事	了解我
Q4	在过去的7天里，我因工作出色而受到表扬	帮我认识自身价值
Q5	我觉得我的主管或同事关心我的个人情况	关心我
Q6	工作单位有人鼓励我的发展	帮助我发展
Q7	在工作中，我觉得我的意见受到重视	倾听我的呼声
Q8	公司的使命/目标使我觉得我的工作重要	帮我认识到自身重要性，建立自信
Q9	我的同事致力于高质量的工作	使我自豪
Q10	我在工作单位有一个最要好的朋友	帮我建立归属感
Q11	在过去的6个月内，工作单位有人和我谈及我的进步	帮助我回顾我的贡献
Q12	过去一年里，我在工作中有机会学习和成长	帮我挑战自我

资料来源：盖洛普公司。

希尔泽和切尔芝的三维潜力理论（2009）则把潜力分为职业、成长、基础3个维度。

（1）职业维度。职业维度是促成在某一特定的职业或工作岗位上取得成功的特殊品质。这种维度贯穿整个职业生涯，能够在不同程度上展现出来的。这种维度既可以是习得的，也可以通过经验获得。职业维度是雇主所使用的最常规的衡量手段之一，这就是为什么简历上都要求写上之前的工作经验等。当为一个特定岗位招聘时，这样做是合适的，但效果并不总是最佳的。考虑一下这些问题：从长久来看，你需要这个人做什么？从职业维度来说，关键问题是“我们需要员工能做些什么？”职业维度能够习得或发掘，但是对于其他维度来说情况并不是这样的。

（2）成长维度。成长维度是指影响发展和提高的各种方面。成长潜力能够被提前辨别，如兴趣、学习的意愿、适应性及抱负。因为一个人的成长潜力与环境相互联系，所以一个有着成长潜力的人在领导不力或者没有学习和发展机会的情形下取得成就是不可能的。识别成长潜力很重要，因为当前业绩和潜力之间的最大鸿沟就是被成长维度所填充或终止。在特定环境下，成长潜力会促成成功，但换了其他环境可能无法奏效。有害的环境和不力的领导能够扭曲成长潜力，还能滋生令人厌恶的品质。

（3）基础维度。基础维度是一种能够全方位预测成功的基础的、稳定的性格特质。基础维度一直都是持续稳定的，因而善于预测短期和长期的成功。基础维度就是在任何职业、工作或时间上都有助于取得成功的特性。

此外，也有不少研究认为，高潜力需要有以下特征。

（1）责任心强（尽职、对成就的需要、对权力的需要）。责任心强的特点就是有自我约束、组织、控制自我冲动的能力（科斯塔和麦克雷，1992）。有责任心的人喜欢坚持并能够激励自己完成目标。有责任心的人很守时、有组织性，并能遵照规定期限完成工作。责任心是影响人们工作绩效的强因素。在所有的个性特征中，责任心几乎在任何工作领域中都同高绩效和成功有着联系。同时需要注意，责任心是可发展的，人们会受到周围优秀的领导、有责任心的同事或强烈的工作动力的感染。责任心不强的人或许不擅长规划、组织和自我激励，但是被激励后也可能成为工作非常努力的人，当他们做自己熟练的工作，并受到激励时，他们就会有着极佳的表现。工作动力来自回报、兴趣等，而且需要被激发出来。责任心差的人经常不懂得何时开始工作，又不知道何时停歇，但是如果让他们带着兴趣工作，他们就会废寝忘食。

（2）心理调节能力强。心理调节能力差的人有着反复出现的、消极非理智的思想或情感。心理调节能力差的人连相对较小的挑战或压力源都承受不了。他们很在意自己的同事如何想自己，以及如何评论自己。心理调节能力差的人担心自己刚刚说出口的话和自己做过的事的影响，而且盲目地在意最为细微的事情。心理调节能力差，几乎能激发所有的负面反应，并且能减弱积极情感。

研究发现优秀的心理调节能力和业绩提升及团队效能都有关联。心理调节能力差的人倾向于自我意识强烈，容易嫉妒。这和工作尤其相关，因为对自己工作的强烈意识让一个人很难完成工作，甚至逃避工作。这是由对品质认知度的关切和内疚感所致的。心理调节能力差的人更可能嫉妒其他人的成功，并且将同事的成功看作自己业绩差的标志。极差的心理调节能力在本质上是对压力源的过度敏感。

心理调节能力极差的人对非常微小的失误都会耿耿于怀。这样的人认为别人的沉默就是不赞同的意思，将夸赞视作虚假，对细微的错误感到羞愧，对压力及其敏感。这样的人因为害怕失败而拒绝完成工作，并且把时间都花费在殚精竭虑上，而不是工作上。

相反，心理调节能力强的人不会被消极情绪所占据。他们不会花费时间去做不必要的思考，也不会被自我怀疑所折磨。心理调节能力强的人适合所有类型的工作，但是尤其适合要求较高的领导岗位。要求越高的工作压力就越大，对于心理调节能力差的人来说就越难以胜任。从根本上说，多大的压力源能让一个人感到忧虑，那就取决于这个人的心理调节能力了。

对压力的反应度也是有关潜力的一项根本性因素。对压力反应过度意味着对压力源的感知过于敏感，并且通常会有消极情绪。心理调节能力差的人对于日益增多的微小压力源备感紧张，而且会更频繁地感受到消极情绪。同适应性的心理反应一样，压力是对困难或紧迫情形的自然反应，或者直面压力源或者逃之夭夭。

研究认为：心理调节能力更高的人能取得更好的绩效。但是如果在工作中拿捏适当，则一般或稍高的压力反应度也会很有用处，因为适度压力能够引起适度激励。从心理学的角度讲，激励意味着大脑中的亢奋。采取额外措施减轻压力并且通过有效的行为疏导压力对于提升业绩来说是非常管用的。当然，与前述的“责任心强”特征很相关：更善于计划、组织和激励自己的人更可能做好仔细的准备工作，并采取措施减轻自己的压力。对于那些对压力反应敏感而又缺乏责任心的人来说，有压力的情形是非常可怕的：他们感到担忧，又不能在事情尚未变坏之前有条理地处理好它。对压力反应迟缓的人只能感受到最严峻的压力源，而对其他情形都无感。这意味着对于很多人可能关切或在意的东西，那些对压力反应不敏感的人对此虽有考虑，但不会为此担心。在一些最极端的情形下，最低的压力反应度近似于冷酷无情。责任心强的人会对压力应对得更好，并不慌乱。凡事都拖到最后一刻的人可能既缺少责任心又对压力反应敏感度较低。在要求极高的职业里，如在高层领导岗位上，需要面对的压力、问题和要求就越多，而且挑战大多是既独特又严峻的。人们能够有效处理当前岗位上的压力，并不理所当然地意味着他们就能够处理要求更高的职位呈现出的压力。同时人们发现个体竞争力和压力反应度之间有相互影响的关系，如表13-4所示。

表13-4　个体竞争力和压力反应度之间的相互影响关系

个体竞争力 / 压力反应	竞争力强	竞争力弱
压力反应敏感	• 忧患意识者 • 有驱动力但是忧心忡忡，不断需要被认可和需要	• 指手画脚者 • 不想掌控，但是又忧心忡忡
压力反应迟缓	• 稳坐泰山者 • 更多关注团队竞争力，不过分关注个人表现	• 漠不关心者 • 最好时淡定且配合，最坏的情形就是对事情漠不关心

（3）好奇心（开放性）强。好奇心是指个体对于新观点、经历及情形的接纳。好奇心强意味着更容易接受新观点、新思想和新情感。好奇心和探索新经历与理念，以及测试新技术和方法的意愿息息相关。在工作上有好奇心，是志向远大者的性格特质之一，它主要表现在对新观点、新工作方式和方法的接纳度上，也意味着在工作中完成不同任务、探索新观念和不断学习时表现出适应性和灵活度。它也包括反思、创造力及创新力等因素。好奇心强的人更倾向于寻求新信息并对培训和发展机会更加感兴趣。仅仅有好奇心不足以确保培训的成功。好奇心能帮助人们发现并接纳新的机遇，但是想要成功只有好奇心是不够的。

（4）**不确定性接受度高**。今天的商业世界充满、复杂、模糊、不确定性，很少有事务、问题是清晰明了、确定、直截了当的。大多数人都喜欢活在稳定、有秩序、可预测的世界中，对于模糊性和不确定性会感到不安，于是习惯于用简化、命令、控制外部世界和内心世界来获得心理上的安全感。通过诉诸严格和简化的外在行为准则（如流程、规则、制度、法律、道德原则等），从而将秩序强加给内心的需要和感觉，以此减少内在冲突，避免产生焦虑，并尽可能让自己在这样在不确定的情形下轻松自信地做出抉择。

不确定性接受度描述的是个人或群体如何处理和感知陌生、复杂及不一致的事物。这并不是指忍受（屈服和忍耐），作为一种个性特质，不确定性接受度高意味着能够在模棱两可、快速变化的复杂情境中享受并取得成功。那些接受不确定性的人能在全新的或不确定的情形中有出色的表现，在职责和目标不明了时较好地适应，并且在难以预料的时机和环境下学习。心理学家赫尔曼等人（2010）发现**不确定性接受度包括4个方面：评估多样性、挑战视角、接受陌生性，以及接受/适应变化**。那些具有更高不确定性接受度的人通常在较高岗位上表现卓越，因为他们不得不融合许多混杂的不同来源的信息并做出决定。但过于容忍不确定性也意味着一个人在可行的情况下不努力把事情弄个明白，讨厌建议或强加的能够稳定情形的规则、法律和讲程，过于依赖非正式的关系网络以获取信息，并且过于依赖直觉思考。这样做的后果就是变得过于接纳那些不确定性的东西，以至于不愿意付出努力去搞清楚状况。同其他的个性特征一样，模糊接受性的程度可能适于不同的工作类型。高模糊接受性对于涉及大量的不同来源的混杂信息的职位来说是很有用的。模糊接受性低的人喜欢有清楚的指令、工作描述，有确切成功标准，以及有切实的成果的工作任务。每个好的领导都知道责任心强、模糊接受度低的员工的价值：这样的员工接受任务，需要理解过程和结果，并且能够合理地持之以恒地完成任务。模糊接受度低的人在规定明确的工作岗位上容易得心应手，但是一旦他们感觉自己的领导、客户或同事充满了不确定性时，他们就得苦苦挣扎了。高层次的领导会从更高度的模糊性中受益，因为领导岗位总是面对同一事件的不同描述、变化凸显的内外环境，以及混杂的信息等情况。

（5）**有勇气**。勇气是指面对如畏惧、担心、伤心这样的负面情绪时，仍能思考并做出选择、行动的能力。勇气可以使人克服最初的本能或被动的反应，并在最具挑战和关键的时刻做出最佳抉择。勇气分为以下几类。

- 道德勇气：挺身而出反击腐败、败坏和犯罪，需要有“孤身奋战”和“揭发检举”的胆魄才能指出工作中权力者卑鄙、缺德和违法的行为。
- 人际关系勇气：包括在不同情境下直面以大欺小者、恃强凌弱者和表现不佳者，这些人会在心理上伤害别人。
- 物质勇气：在可能承受物质、财富损失时准备冒险的领导者。

有勇气并不总是意味着行动，有时，当冲突会取得适得其反的效果时沉默也是一种勇气。个体对于勇气的自我评估决定了勇敢应对的能力，未被克服的恐惧制约释放潜力的可能领域，并且通常会导致回避或有意忽略等行为。勇气意味着即使身处逆境依然能直面困难情境并解决问题。当其他人不赞同自己时，那些勇敢的人更可能挺身而出，捍卫自己的价值观，并在遭遇反对时更可能坚持自我。这不是因为他们固执，而恰恰相反。勇敢意味着能够独立思考，有着考虑每一项选择的能力，而不是匆忙应对；他们能够做出符合自身价值观念，符合组织目标，或者因地制宜的选择。勇气与各种情境因素相互影响，属于成长性特质。允许有勇气的人发出挑战的工作环境会促进其成功和进步，没有挑战和困难的工作环境就不会激发出勇敢个性特质中固有的潜力。没有勇气并不是懦弱，只是本能反应或过度谨慎。勇气和其他特质相互影响：有勇气但是缺少责任心的人会做出利己选择，而且没有具体目标或长远计划。

4

一个悲伤的故事与70：20：10

很多人会思考两种重要的问题：

- 天赋是与生俱来的吗？
- 通过哪些迹象来预测未来的成功？

回答这两种问题前，先来看一下北宋文学家王安石创作的一篇散文《伤仲永》：

“金溪民方仲永，世隶耕。仲永生五年，未尝识书具，忽啼求之。父异焉，借旁近与之，即书诗四句，并自为其名。其诗以养父母、收族为意，传一乡秀才观之。自是指物作诗立就，其文理皆有可观者。邑人奇之，稍稍宾客其父，或以钱币乞之。父利其然也，日扳仲永环谒于邑人，**不使学**。余闻之也久。明道中，从先人还家，于舅家见之，十二三矣。令作诗，不能称前时之闻。又七年，还自扬州，复到舅家问焉。曰：“**泯然众人矣**。”王子曰：仲永之通悟，受之天也。其受之天也，贤于材人远矣。卒之为众人，则其受于人者不至也。彼其受之天也，如此其贤也，不受之人，且为众人；今夫不受之天，固众人，又不受之人，得为众人而已耶？”

虽然说天赋是人们天生的能力体现，但是它最终受人们的表现所影响，而且与其他因素相关。仲永是一个很有天赋的神童，却“泯然众人矣”，原因是其父亲不让其学习，这说明即使有着很高的天赋或发展潜力，**如果没有系统培养，那么天赋和潜力也可能最终泯灭**。全球诸多的最佳实践证明：积极、系统的人才培养和放任、自流式的人才成长模式相比，效果天壤之别。当今，大部分专家能接受的**人才发展的有效规则是70/20/10法则——70%靠工作任务中成长（经验类），20%靠他人指导获得提升（个人类），10%靠系统化课堂学习成长（教育类）**。

- **经验类成长方法举例：**拓展性任务、跟随工作、轮岗。
- **个人类成长方法举例：**教练或导师制。

- **教育类成长方法举例：**课堂学习、案例研究。

未来学家尼葛洛·庞帝（Nicholas Negroponte）说：“预测未来的最好办法就是把它创造出来。”**预测高潜力人才未来是否成功的最好办法不是猜测而是主动系统地培养和合理任用。**

> **预测未来的最好办法就是把它创造出来。**
>
> ——尼葛洛·庞帝，未来学家

“潜力”转变为成功并不只有一条固定的铁轨（固定路径），而有许多条到达目的地的路径。“潜力”转变为成功是一系列内外因素相互作用的过程，这个过程存在无限变化和可能性，并与环境背景息息相关。个人潜力与环境和机遇的完美契合几乎是不存在的，潜力的发挥存在最低谷状态，如果没有提供合适的环境，即被剥夺了发展与磨炼技能，以及受教育的机会后，即使再聪明的天才也无法施展拳脚。**潜力的发挥需要机遇。**

5

“彼得原理”现象的疫苗与过程公平

美国学者劳伦斯·彼得（Dr. Laurence Peter）在对大量的组织进行观察后，发现了一个规律：**大量组织都习惯于提拔在某个等级上优秀的人员，最终总是趋向于将其提拔到难以胜任的更高职位**。例如，一个人销售工作做得好，就倾向于将其提拔为销售经理，但是此人不具备团队管理能力，非但不是对其工作业绩优良的奖励，反而让其无法发挥才能，导致组织的损失。对于一个组织而言，一旦相当部分的人员都被提拔到难以胜任的职位，组织就会陷入决策错误、人浮于事，士气低落、效率低下，发展停滞的困境，这种现象被称为“彼得原理”。当某个岗位出现空缺时，组织不见得能够立即寻找到合适的人才补上来，这就需要提前谋划，寻找有潜力的人员先进行培养发展，以期在发展合格且组织需要时加以任用。制订**高潜力人才培养和人才储备库建立计划，是组织未雨绸缪的行为，可以确保组织未来人才库与组织需求高度匹配，因此能给组织带来强大的竞争优势。如果**发现高潜力人才可以加以培养，并依照合适的条件为合适的人才挑选合适的岗位，就能从根本上杜绝“彼得原理”现象，是“彼得原理”现象的疫苗。

任命错误的人将带来三重麻烦：第一，影响业务的开展；第二，侮辱了正人君子；第三，相当于抢走了本应获得晋升的人的机会。

——腓特烈二世（Friedrich II），普鲁士国王

实施高潜力人才培养和人才储备库建立计划时，会产生一些负面效果：被认为不公平，而且被认为受到了“歧视”，这给组织带来了困扰。

一般来说，高潜力人才的识别和培养，是建立在公平基础上的，也就是将发展资源投入给高潜力人才从而获得最大化回报，同时确保了正确的人坐在正确的位置上。判断是否公平不是指是否把资源和岗位赠送给某个人，而是指在挖掘和培养

过程中是否确保竞争者能拥有同样的竞争机会，也就是过程公平和结果公平同等重要。**高潜力人才管理的公平需要做到标准的公平、过程的公平和结果的公平**，而不是基于人际关系，或者主观意志将特定的人群排斥在外。

本章小结

（1）智力分为晶体智力与流体智力两种。

（2）高潜力是指人才有足够的天赋和潜在能力在当前或未来创造出更好的业绩。

（3）人才市场是个零和博弈市场。

（4）高潜力人才是组织最大的宝藏，识别和合理任用高潜力人才将最大化挖掘组织的潜能。

（5）潜力的展现是偶然的，而组织的工作就是把高潜力人才成功的偶然性通过流程机制变成必然性。

（6）聘用外部高管空降于公司近似一场赌博，只能作为不得已时的后备选择。

（7）责任心强的特点就是有自我约束、组织、控制自我冲动的能力。

（8）好奇心是指个体对于新观点、经历及情形的接纳。

（9）不确定性接受度包括 4 个方面：评估多样性、挑战视角、接受陌生性，以及接受 / 适应变化。

（10）勇气是指面对如畏惧、担心、伤心这样的负面情绪时，仍能思考并做出选择、行动的能力。勇气可以使人克服最初的本能或被动的反应，并在最具挑战和关键的时刻做出最佳抉择。

（11）如果没有系统培养，那么天赋和潜力也可能最终泯灭。

（12）人才发展的有效规则是 70/20/10 法则——70% 靠工作任务中成长（经验类），20% 靠他人指导获得提升（个人类），10% 靠系统化课堂学习成长（教育类）。

（13）预测高潜力人才未来是否成功的最好办法不是猜测而是系统培养和合理任用。

（14）潜力的发挥需要机遇。

（15）大量组织都习惯于提拔在某个等级上优秀的人员，最终总是趋向于将其提拔到难以胜任的更高职位。

（16）制订高潜力人才培养和人才储备库建立计划，是组织未雨绸缪的行为，可以确保组织未来人才库与组织需求的高度匹配，因此能给组织带来强大的竞争优势。

（17）高潜力人才管理的公平需要做到标准的公平、过程的公平和结果的公平。

关于人才的进化的过去思维和未来思维如表13-5所示。

表13-5　关于人才的进化的过去思维和未来思维

人才的进化	过去思维	未来思维
对智商的解释	获取知识、抽象思维、适应环境、学习或吸取经验、反应良好的能力	推理、计划、解决问题、抽象思维、理解复杂观点、快速学习及吸取经验、适应环境的能力
高潜力人才的定义	从体能到智力到胜任力	高绩效者中符合意愿、能力、敬业3种要求者
人才任命	直接晋升，升职到不称职的岗位	制订高潜力人才培养和人才储备库建立计划
预测高潜力人才能否成功	猜测	主动系统地培养和合理任用
提拔的意愿和过程	秘而不宣、不透明	标准的公平、过程的公平和结果的公平

“任命错误的人将带来三重麻烦：第一，影响业务的开展；第二，侮辱了正人君子；第三，相当于抢走了本应获得晋升的人的机会。”

——腓特烈二世，普鲁士国王

第14章

THE BOUNDARIES OF EXPERIENCE AND HIDDEN TREASURE

经验的疆界与看不见的宝藏

1

异类的经验法则

有些技能无法仅通过课堂上的理论学习来获得，如人无法仅通过课堂上的理论学习就可以开车、打高尔夫，还需要通过练习、实践才能获得。**智慧并非和时间成正比，而是与从经验中获得的能力紧密相关**。通常而言，一个人开车的经验越丰富，并且基于大量经验不断反思和改进，则其开车的技能越强。经验可以帮助人们快速应对复杂局面（特别是处理过相同或类似局面时），也可以提高执行效率（特别是针对相同的或类似的工作）。人们还可以建立一个马太效应（Matthew Effect）式良性循环：**从经验中获得新知识、新见解和新技能，而这些新知识、新见解和新技能又促进其更容易获取更多的东西**。反之，也可能形成负向循环，经验的匮乏导致获得新经验的机会减少，从而严重影响个体成长。因此，个体是否自愿投身于能够提供丰富经验的活动中去、区分哪些机会可利用的这两点至关重要。

在商业世界中，人们的回报有两种：现金和经验。先要经验，现金随后就来。

——哈罗德·格林（Harold Green），企业家

实际上，大多数企业都非常重视经验，如在招聘信息中，大部分空缺岗位说明都有多年工作经验或相关经验者优先字样，这也对初入职场的年轻人形成了一种“经验歧视”。和个性与智商等不同，员工和雇主对提供机会与利用机会以增进经验负有共同责任。个性没法变，行为可以改。行为的改变除有他人的反馈、指导等外部途径外，个体通过自身有用的经验反思改进，甚至更为有效，这甚至是影响一生的深刻的改变。

失败就是人们不能把所犯的错误转化为经验。

——阿尔伯特·哈伯德（Elbert Hubbard），《菲士利人》的作者

学生抱怨说："没有经验就无法得到一份工作，但是不工作又不可能获得经验。"企业为了避免初入职场的人才经验不足，通常会提供实习岗位，好处显而易见：报酬低廉，随时调遣。对于职场小白而言，课堂学习训练虽有优势，但是一些技能只有在工作环境中才能更好地获得和磨炼。但是很多时候，实习生总是抱怨大材小用，布置给他们的是低微、琐碎的工作，得不到培养，也不知道公司想要什么。好的实习项目至少有3个优点：

（1）帮助雇主找到合适的未来员工；

（2）发展尚不成熟的或者潜在的才能；

（3）搭建了从接受培训到雇用上岗的桥梁。

如果人力资源部足够重视，则实习项目可以成为企业和学生之间的双赢机制，学生获得了经验，企业获得了优秀人才。

这个世界上，人们真正的安全感来自知识、经验和能力的储备。

——亨利·福特（Henry Ford），福特汽车创始人

畅销书作家马尔科姆·格拉德威尔在《异类：不一样的成功启示录》一书中提出拇指规则（Rule of Thumb），也被称为"经验法则"，他说："人们眼中的天才之所以卓越非凡，并非天资超人一等，而是付出了持续不断的努力。10 000小时的锤炼是任何人从平凡变成世界级大师的必要条件。"在大量的调查研究中，科学家发现，那些成就非凡的运动员、音乐家、企业家的，10 000小时（约10年时间），一再反复出现。10 000小时孤独的学习、思考、研究、实践，枯燥无趣，非常人所能及，这需要超常的自律、自控能力。不论个体的能力、体格或技能如何，经过10 000小时有人指导（或自我反思改进）、机械式和结构化（将流程分解为一个个基础动作）的反复练习，就能表现卓越，成为行业翘楚。其中的奥妙就在于：**练习得越多，个体在执行某项任务时就越敏捷，技巧越丰富**。熟不仅能生巧，也能造就天才。在欧阳修的《卖油翁》中指出，卖油翁的技艺至臻完美，原因是"唯手熟尔"，这背后是长期经验积累的结果。有足够的理由断言，持续练习是成为精英、专家、出类拔萃者必不可少的组成部分：不论是在体育场上、生产线上，或者在办公室里。对成功来说，练习很必要，但还需要好的指导者、努力地工作。

这个世界上，人们真正的安全感来自知识、经验和能力的储备。

——亨利·福特，福特汽车创始人

所谓专家，就是在一个专业领域中犯过最多错误的人。

——尼尔斯·玻尔（Niels Bohr），量子物理学家

才能既不是生而有之的，也不是存在于个体内部、等待挖掘的东西。想要拥有才能，只是有展翅高飞的欲望、个人意志力、勤奋的努力和简单重复的练习是不够的。如果个体有局限性，则后天的努力无法克服此局限性，如持续孵化一个石头永远不会有小鸡破壳而出。然而即使正常的鸡蛋，如果没有外部的持续孵化，也永远不会有小鸡破壳而出，也就是说即使投入最长时间去练习，有些人仍然受到先天的体能和智力等的限制。种子固然很重要，但是土壤、空气、水和营养物也同样重要。很少一部分表现卓越的个体单靠自身努力就能取得成就，**离开指导者的鼓励和指导、反馈，人们练习的动力就会减少。**"近朱者赤，近墨者黑"，身处正确的圈子，成功的动力就会增大，脱离正确的圈子，"10 000小时成就天才"这一口号就会变得丝毫不能鼓舞人心。**外在的影响可以极大地帮助人们跨越瓶颈。**个体的基本潜力不够充分就需要付出努力、提升能力才能跻身天才圈。能力越不充分，需要付出的努力就越多。**经验是在天赋的基础上慢慢累积的，但是要警惕将经验过多地建立在弱项之上。**经验的核心问题不在于它是否重要，而在于应该提供什么样的、怎样提供、什么时候提供经验。

敏锐的判断来自经验，经验来自糟糕的判断。

——穆拉·纳斯鲁丁（Mullah Nasruddin），智者

以精通为目标而进行的练习并不只是机械地重复相同的事情，而是有意识地进行挑战式练习，需要不断总结、反思、改进、挑战新高度。持续的重复和体验使得做某件工作成为下意识的行为，如敲击键盘和驾驶汽车，经验足够丰富，行为就会变得不由自主，而且深刻地印在脑海里，变成一种本能。**机械重复可以使得工作变得相对熟练、更加得心应手、自然轻松，**但是10 000小时的重复驾驶经验，不见得能让一个司机成为F1赛车手。

挑战和能力、精通之间存在着伴随关系，合适的优秀人才能够解决巨大的挑战，并感到有成就感和满足、快乐。但如果把重大的挑战交给不合适的人，那么除

了给对方制造压力，一无所获。**选对正确的人进行挑战等于播撒快乐。**

成为顶尖人才需要有意识的挑战式练习，并获取最广泛、最深度的经验和实践。但是很多人才一旦业绩达到特定水平，能力和潜力就会遇到瓶颈，因为他们停止寻求改善的新方法，或者工作不能带给他们追求更高业绩的机会。有些领导者也认为一旦员工的表现令人满意，他们就不再需要为员工业绩的提升承担责任了。

> **挑战能磨炼技能、拓宽业内人脉，还能提高声誉，这就是经济学家所说的人力资本投资。**
>
> ——罗莎贝斯·莫斯·坎特（Rosabeth Moss Kanter），哈佛商学院的首席管理教授

关键点在于重复相同的任务可以将业绩提升到某个水平，但会在这个水平上停滞，并且局限在此范围。因此有意识的挑战式练习需要做到以下两点。

- **宽度上的横向练习：**在不同的全新情境下练习、实践。演习100次，也不如亲历1次实战，同一个演练场的100次演习，不如在100个不同演练场的效果。在新的、复杂多样的环境下，适应和提升、应对各种挑战和障碍。有经验的人才知道如何在遭遇困难和体制障碍时，仍旧将工作做好，因为这是工作的一部分。经验造就专业，因为高手知道如何解决每种困难或者巧妙地避开。以更广的视野、更多的视角去解决更多的问题，会提高人们的能力。以狭隘的方法，即刻意回避外界或信息，会严重限制个体的能力。
- **深度上的纵向练习：**不断提升练习的难度系数。在10米、20米、50米……1 000米距离上不断提升射击难度以求命中靶心和只在10米距离上永远命中靶心，前者更可能成为高手。通过设置挑战——战胜挑战——设置新挑战这样的循环，可以构建不断提升能力的阶梯。在不断循环的练习过程中，不断反思问题，总结和归纳出规律，并不断优化行为，然后向下一个台阶迈进。

虽然在组织内人才经验的累积需要时间，但在这个过程中不是等待时间的自然流失，让人才随波逐流。**经历不等同于经验，经验也不代表能力，**能力也不代表绩效。**有意识的挑战式练习是挖掘人才潜力的最佳途径，也是人才能力增长和业绩提升的关键措施，更是人力资本投资回报率最高的措施之一。**

对于很多个体来说，在当前岗位上的业绩优良，但是在当前岗位上拥有的技能未必是未来职位所需要的，所以当前优良的业绩不能用于预测未来的业绩。如果个体在未来职位所需的某些关键技能上表现出色，并能够从经验中学习其他不熟悉的技能，那么对其进行提拔也许是个好主意。如果这个人在当前职位所需的关键技能上表现突出，但从经验中学习未来职位所需技能的潜力很弱，那么提拔他的挑战性就比较大，但结果也许不坏。对于被提拔的员工来说，投身到新的、迥异的工作中是一种巨大挑战：当过去岗位中的技能和经验对当前的职位毫无用处时，他可能很自然地感到失望、困惑或心存戒备。过去的技能越无法运用到当前职位中，人在由表现出色，到很难达到新工作的严苛要求的过程中所产生的巨大的心理落差就会使人越来越感到悲观、失望、倦怠。

发展和专注练习一整套新的技能需要保持情绪稳定和很强的适应力，并且有坚持不懈的责任心。如果这个人对工作的自豪感和满足感来自特定狭窄领域内的能力，新技能的获取就尤其有挑战性。如果那些技能再也无用武之地，此人就会感到失望，甚至憎恶当下的工作。当一个人被置于孤立无援的新岗位时，感觉尤为如此，因此指导、支持、鼓励尤为重要。很多善意的提拔最终导致出现不佳的结果，当管理水平不高时，从外部雇用没有经验或者和其他同事关系不融洽的人，并非明智之举。大部分领导者更倾向于从已有的人才库中擗拔员工，并基于其以往的经验和过往的业绩来挑选人才。**经验并不总是直接或即时与业绩挂钩，也需要合理任用和恰当的工作机会才能让经验转化为绩效。**

敏锐的判断来自经验，经验来自糟糕的判断。

——穆拉·纳斯鲁丁，智者

2

挖掘“看不见的宝藏”

他人的成功，往往是特定时间和情境下的产物，由于这些外部条件无法复制，所以他人的“最佳实践”在大部分情况下并没有学习的必要性，但是学习他人失败的经验教训，能避免自身付出不必要的代价。因此，成功不可复制，失败却可以避免。如果成功源于探索和试错，那么大部分错误源于不学习和无经验。每一个项目或工作完成后，在组织内进行复盘，找出问题和错误，并广泛分享，会让组织受益匪浅，一则避免当事人覆车继轨，二则让其他同事，避免再犯同类错误，节约组织成本。复盘和分享是个人经验转化为组织能力的重要举措，将个人的心得体会转化为了组织的行动原则、流程。从某种程度上来说，通过复盘发现的经验教训是组织“看不见的宝藏”，至少带来以下3项收益。

- **有助于提高理解力：**失败的经验教训有助于提高团队的理解力。失败清晰地暴露出某些潜在的深层原则。
- **有助于深刻铭记：**一旦人们意识到出现错误的原因，以及错误的不良影响，就不太可能重蹈覆辙。
- **有助于聚精会神：**错误提醒人们三思而后行，提醒人们要谨慎，要全神贯注。

> **任何一项技能，其最有趣的地方都在于它是如何出错的，以及在哪里出错的。**
>
> ——格里森·佩里（Grayson Perry），艺术家

每个人都会有失手和犯错的时候。因为失误被人察觉的程度不同，所以失误产生的结果也不同。很少有公司或个人，希望将自身的错误公开，除非别有用心。**高手和普通人一样，都会犯错误，差异在于他们如何处理错误。**

高手犯错误之后会从中学习，主动承担错误所致的责任，反思错误，并思考如果类似的情况再发生该怎么做。他们从每种错误中都有收获，且知道在相似的情况

再发生时该如何应对。普通员工有可能反复犯相同、相似的错误，他们既不承担应负的责任，也不主动理解为什么事情会演变得如此糟糕。高手有足够的智慧并善于解决问题，能反思和推理何处出错，而且自身的责任意识强烈，情绪平稳而坚定，能意识到任务失败不可避免，不能视为自身的问题。高手有持之以恒的干劲，渴望收获更多经验，能将事情处理到位并且拥有精益求精的态度，而且在下次表现得更好。当然，他们也需要上级领导者和同事的支持，以及开诚布公地向他们指出事情为什么会变糟。

高水平领导者和低水平领导者在下属犯错后的行为表现（见表14-1）是迥异的。低水平的领导者在团队内出现错误时，往往下意识的反应是先推卸责任：先提出“这个错误不是我导致的”。之后寻找替罪羊，撇清责任。而人们都知道：出现火灾后，正确的行为肯定不是先寻找责任人和火灾原因，而是先扑灭大火（解决问题），之后再寻找失火原因（追根溯源），确保死灰不再复燃，接着再向所有人分享失火原因并教会大家防火技巧（分享教训，避免重蹈覆辙），最后才是寻找责任人和问责（追究责任）。

表14-1　高水平领导者和低水平领导者在下属犯错后的行为表现

高水平领导者	低水平领导者
• 解决问题 • 追根溯源 • 分享教训，避免重蹈覆辙 • 追究责任	• 推卸责任 • 寻找替罪羊，撇清责任

经验的价值和多样化任务中积累广泛经验的重要性毋庸置疑。没有两份工作是完全相同的，但是也没有完全独特的经验。经验主要有以下5种类型。

- **自身的经验**。有些经验是积极的，让人享受那份工作，找到了燃烧的热情，或者学习到对未来有益的技能，也有的工作是无聊和令人沮丧的。对某些人来说，那些极其单调乏味的工作给予了有力的警惕：将来找工作时避免找类似的工作。优秀人才和平庸人才的差异是，前者会珍惜各种经验（无论积极或消极、成功或失败），并且运用这些经验增加未来成功的机会。
- **他人的经验**。他人的经验的典型传授者是领导者或导师，也可能是同事或伙件。好的领导者或导师善于启迪人，传授成功的行为典范，并提供反馈、建议和支持，同时也提供了经验教训，并塑造消极行为范例让人警醒。因此，在员工的发展方面，领导者能否发挥导师的作用至关重要。在某种程度上，寻找可以共事并相互学习的人，是个体自身的责任。

- **从短期任务中获取的经验**。暂时代替别人做项目或工作，可以让人脱离舒适区，让自身劣势暴露在从来没有遇到过的事情和问题前，得以快速提升。对一些人来说，完成这种短期任务，是幸运的跨越：意外经历帮助人们发现技能或激发兴趣。
- **从轮岗中获取的经验**。全新的工作任务和职能让一切都变得更加复杂和困难，虽然使人感到新奇，但是令人困惑。轮岗时，压力变得更大，并且要全权承担责任，这有助于发现和锻炼原有工作所用不到的技能。
- **从高度困难、具有挑战性工作中获取的经验**。高度困难、具有挑战性的工作能教会人们调控压力，拥有勇敢、坚韧等品质。

经验学习需要时间，很多时候并不总是稳定、有计划地累积见识和技能，有些经验使人收获甚微，甚至带给人坏习惯。虽然并非所有人才都能成为高绩效者，但几乎所有人都能从经验中有所收获，不同类型的岗位需要不同类型的经验。拥有丰富经验的人才和他们的经验（如果能有效分享并为团队所学习掌握）是组织的宝贵财富。

本章小结

（1）智慧并非和时间成正比，而是与从经验中汲取到的能力紧密相关。

（2）从经验中获得新知识、新见解和新技能，而这些新知识、新见解和新技能又促进其更容易获取更多的东西。

（3）个性没法变，行为可以改。

（4）练习得越多，个体在执行某项任务时就越敏捷，技巧越丰富。

（5）离开指导者的鼓励和指导、反馈，人们练习的动力就会减少。

（6）外在的影响可以极大地帮助人们跨越瓶颈。

（7）经验是在天赋的基础上慢慢累积的，但是要警惕将经验过多地建立在弱项之上。

（8）机械重复可以使得工作变得相对熟练、更加得心应手、自然轻松。

（9）选对正确的人进行挑战等于播撒快乐。

（10）以更广的视野、更多的视角去解决更多的问题，会提高人们的能力。以狭隘的方法，即刻意回避外界或信息，会严重限制个体的能力。

（11）经历不等同于经验，经验也不代表能力。

（12）有意识的挑战式练习是挖掘人才潜力的最佳途径，这是人才能力增长和业绩提升的关键措施，更是人力资本投资回报率最高的措施之一。

（13）经验并不总是直接或即时与业绩挂钩，也需要合理任用和恰当的工作机会才能让经验转化为绩效。

（14）高手和普通人一样，都会犯错误，差异在于他们如何处理错误。

对经验的认知的过去思维和未来思维如表14-2所示。

表14-2　对经验的认知的过去思维和未来思维

对经验的认知	过去思维	未来思维
反复性	机械地重复	有意识地重复
时长性	必要充分条件	必要非充分条件
行动性	被动式练习	主动接受指导并练习
挑战性	重复相同的事情	突破原有高度并挑战新高度

第15章

PERFORMANCE MANAGEMENT: PUSH AND PULL

绩效管理的推拉与牵引

H
T
W

1

传统绩效管理的弊端

企业传统的绩效管理的核心是年度的绩效评估，这几乎是所有企业都必须进行的批量化和运动式管理行为。伴随着各种评估表的填写，绩效反馈沟通从某种程度上已经变化为薪酬调整的依据，而不是为了帮助员工发现和反思问题，以激发行为改变和驱动员工提升未来绩效。在不少企业，绩效评估还会带来一个每年的阵痛：基于绩效评估结果进行排名，对于排名靠后的员工进行末位淘汰，美其名曰“优化”，而引发的恶果是，员工对年度绩效评估产生反感，而且员工互相不合作，耗时费力地工作。**传统绩效管理的重点在于对过去的总结评估上，而不是着眼未来的绩效提升和职业发展**。没人能改变过去，但是可以改变未来。绩效评估不能提升绩效，也不能提高员工的敬业度和积极性。

基于评估者的能力、经验、人际关系、偏好等的不同，绩效评估的主观性评估部分容易出现较大的偏差，虽然很多时候来自无意识偏见，而由于评估结果可能引发解雇、升职、加薪等操作，必然导致出现不公平现象。

新一代的任务管理、项目管理、协同工作的信息化平台，已经可以极为方便地实时记录、收集、整理和分析员工的基本工作数量和质量数据，如任务完成进度、任务完成质量的实际点评，甚至如程序员的代码都已经有了成熟的平台进行质量评估，这些新一代的平台，建立了完备的绩效数字快照，降低了主观评估的占比。这使得组织评估员工过去的成效方面逐渐变得不费吹灰之力，因而有更多的时间和精力放眼未来。**未来的绩效管理的核心不再是衡量而是反馈和发展。**

领导者的四大绩效管理准则如表15-1所示。

表15-1　领导者的四大绩效管理准则

简捷沟通	高频互动
聚焦于工作中的行为表现对于绩效的影响	在项目或任务完成后立即进行沟通与反馈，减少沟通对象的抵触和抗拒情绪
推动反思	**面向未来**
引导员工自行反思，寻找问题，并改进	重点放在促进未来的行为改进上，而非评估过去。“事后诸葛亮”式的问责，会带来推卸和指责，要展望未来让员工做好准备

未来的绩效管理需要做如下的改进。

- 在任务和项目结束后对员工进行实时评估和反馈，这种反馈比年度打分更有意义和价值。**越是延时的反馈和指导，价值越低。**
- 不根据绩效进行强制排名和定性。**排名导致员工对于绩效考核产生抗拒和抵触情绪，而强制安排和定性会导致员工间倾向于不合作。**
- 绩效回顾讨论以项目为周期而不是以年度为周期，年初的问题到年底再沟通反馈，除让员工抵触以外，也失去了积极影响后续工作和项目的机会。
- 简化绩效评估过程，减少繁文缛节，避免为了评估而评估。绩效评估过程应遵循**“听—给—合—进”（Get-Give-Merge-Go）4步法：**先听取员工个人对其业绩的自我评估，再给出公司的评估意见，之后整合双方意见和观点以达成共识，最后指导员工向新的任务和业绩目标迈进。确保**目标具备SMART特性：具体（Specific）、可衡量（Measurable）、可行（Achievable）、切实（Realistic）、有时间限制（Time-bound）**。同时，组织有义务告知员工个人目标与组织目标之间的关联。
- **绩效评估不仅有自上而下的，也有自下而上和横向的评估。绩效评估是双向而不是单向的。**
- 绩效评估围绕目标确定进展和达成率，而不是围绕此前工作的结果。
- 对于评估发现和出现的问题，不是仅反馈给员工，由其个人孤军奋战，而是提供必要的支持和协助。**不强制员工接受目标而是通过沟通尽可能确保组织**

目标和员工目标的一致性。

- 绩效评估是一视同仁的，不区分管理层和员工。
- 不仅要确认真实表现、认可成绩，也要反思问题、总结并改进。能准确衡量员工目前的表现自然很好，但持续优化改进其的业绩更为重要。

2
未来绩效管理的核心

绩效管理的评估部分正在被数字化实时手段逐步替代，这极大地解放了管理者的时间和精力，让他们可以真正触及绩效管理的最重要部分：反馈和优化。研究显示，领导者和下属的绩效反馈沟通的频率和员工的积极性成正相关，这很大程度上证明人们期待被重视和有人帮助自己改进。这个频率大约可以设定在每个月2～4次，过低的沟通频率使得领导者不能真正了解下属的真实工作情况，并且不利于下属的个人目标和公司目标的“对标”同步。**在一个合作网络中，个体沟通越频繁紧密，则群体发展的速度越快，成果越多。**

> **当与你老板交换意见时，评估就出现了。所谓交换意见，就是你带着自己的意见进去，带着他们的意见出来。**
>
> ——盖伊·布朗宁（Guy Browning），
> 《办公室政治：工作到底如何运转》的作者

领导者对下属不进行反馈和指导的原因大致如下。

（1）不认为反馈沟通有必要且很重要。

（2）忙于手头的事物，没时间关注员工的工作进展和进步。

（3）缺乏反馈的沟通技巧和协调能力，也没有得到这方面的训练。

（4）担心和员工的关系僵化，导致员工出现负面情绪。

（5）处于一个不鼓励反馈的公司环境。

> **要让员工感觉到自己很重要。因为你对他们的尊重和付出，也将化作你的回报。**
>
> ——玫琳凯·艾施（Mary Kay Ash），玫琳凯公司创始人

管理者没有和下属定期反馈的习惯，说明了一些深层次问题。

- 领导者不关注下属的进展、成绩、问题。
- 公司没有制定定期的绩效反馈机制。
- 下属即使表现不佳也无人问津。
- 员工对于主动寻求上级的反馈没有兴趣。

确保沟通频率的恰当办法是由员工个人发起沟通，因为他们需要关注、反馈和帮助，也从中获益更多。因此，组织和领导者需要鼓励员工更主动寻求所需的指导和反馈，并告知员工以下要点。

- 建立持续获得反馈的习惯，对象可以是客户、领导者、下属、平级同事等。
- 如果未获得所需的反馈和指导，应主动寻求。
- 如果不愿从直接领导者处获得反馈，就从熟悉的同事处获得建议。
- 如果对方反馈太过简单笼统或抽象，那么就需要对方举出事例，以及请求对方告知观察到的具体行为或现象，而不是简单的结论。
- 每周主动进行自我工作评估和制定下周的工作计划和目标，哪怕领导者并未要求。
- 在绩效回顾与讨论中，对于评估结果尽可能充分沟通，并和评估者达到一致。
- 反思当下的工作对于自身而言是“扬长”还是“避短”，并在绩效反馈会议中反映给评估者和直接领导者。
- 请求公司对自己的个性、工作风格进行测试，获取自己的个人发展计划（Individual Development Plan，IDP）并与公司充分讨论。

如果你的管理不是以员工的进步为出发点的，那么你的情商再高，激励计划再多，都于事无补。

——特蕾莎·阿玛比尔、史蒂文·克雷默（Steven Kramer），
《进步定律》的作者

如果出现以下问题，说明领导者需要改进反馈和指导工作或者需要参加相关培训和学习了。

（1）发现自己缺乏反馈和指导技巧，无从下口。

（2）上一个项目结束未给直接下属反馈，或者上一次反馈已经过去几周甚至数月了。

（3）过去1个月里，与下属的反馈时间严重不足，如不足1小时。

（4）每次都在下属主动请求反馈时才进行。

（5）反馈会面经常不得不推迟或取消。

（6）每次反馈时，发现自己并不了解对方的工作进展和成绩。

（7）因为担心员工的抵触或伤害其积极性，在反馈时没有做到知无不言，言无不尽。

（8）反馈和指导后，对方没有改进，情况没有好转，反而更糟糕。

最后要注意的是，**反馈不是绩效管理的终点，绩效管理的目的不是评估和反馈，也不是薪酬调整的依据，而是着眼于绩效的提升。**

“如果你的管理不是以员工的进步为出发点的，那么你的情商再高，激励计划再多，都于事无补。”

——特蕾莎·阿玛比尔、史蒂文·克雷默，《进步定律》的作者

3

KPI与OKR的疆界

关键绩效指标（KPI）是今天大部分企业广泛采用的绩效管理方法，它将企业的战略目标层层分解为了每个人可执行的目标。KPI基于“二八原理”，即工作任务的八成是由两成的关键行为完成的，因此必须抓住20%的关键行为，对其进行分解和测量，这样就能促进目标的达成。

> **KPI 是传统工业时代管理上的创新和成就，KPI 目的就是改善效率，KPI 能够完整地反映对效率的改善，但是在互联网时代反映不了了。在互联网公司，KPI 会逼得大家迷失自我，不把重点放在怎么改善产品和服务上。粉饰 KPI 有无数种投机取巧的办法。**
>
> ——雷军，小米公司创始人

KPI有助于提升组织和个人的绩效，但是弊端是只适用相对静止、确定竞争环境下的组织，这类组织的战略目标相对确定，且战略目标是由组织顶层制定的，可以层层分解，基层只需要服从上级制定的目标，并尽可能达成目标即可。

但是进入数字时代，正确的战略目标是模糊、不确定的。马云并不能事先清楚移动社交这个方向，否则早在“微信”出来前就发布“来往”。马化腾也不能事先判断“短视频”是个风口，否则在“抖音”发布前就推出“微视”，这些**战略产品方向不是规划、预测出来的，而是大量试错后的结果**。这就需要发挥基层的主观能动性，鼓励其积极、主动地试错，从而发现正确的方向和路径，本质上就是**让创新来自自下而上的探索和试错来推动而不是领导者的高瞻远瞩**。

数字时代就需要引入全新的绩效管理方法论。数字时代的企业不再由效率驱动，因为涉及效率的事情基本上都将由机器和自动化替代，而应该由创新驱动。**创新需要集思广益，依靠所有成员的积极主动，通过探索、试错、淘汰、优化来实现**。因此，对于人的要求也就产生根本的不同，消极、被动的人不适应创新驱动的环境，组织需要积极、主动的人才，压迫式管理（监督、控制、管理）就不再适用，而尽可能采用自驱式（激发、影响、赋能）管理。目标不再是自上而下地层层分解，而是自下而上地由基层自主设定。

> 如果90%以上的事情做成功了，说明设定的目标还不够高。
>
> ——阿兰·凯（Alan Kay），计算机学家

本章小结

（1）传统绩效管理的重点在于对过去的总结评估上，而不是着眼未来的绩效提升和职业发展。

（2）未来的绩效管理的核心不再是衡量而是反馈和发展。

（3）越是延时的反馈和指导，价值越低。

（4）排名导致员工对于绩效考核产生抗拒和抵触情绪，而强制安排和定性会导致员工间倾向于不合作。

（5）绩效评估过程应遵循“听—给—合—进”4步法。

（6）目标应具备SMART特性：具体（Specific）、可衡量（Measurable）、可行（Achievable）、切实（Realistic）、有时间限制（Time-bound）。

（7）绩效评估不仅有自上而下的，也有自下而上和横向的评估。绩效评估是双向而不是单向的。

（8）不强制员工接受目标而是通过沟通尽可能确保组织目标和员工目标的一致性。

（9）在一个合作网络中，个体沟通越频繁紧密，则群体发展的速度越快，成果越多。

（10）反馈不是绩效管理的终点，绩效管理的目的不是评估和反馈，也不是薪酬调整的依据，而是着眼于绩效的提升。

（11）战略产品方向不是规划、预测出来的，而是大量试错的结果。

（12）创新来自自下而上的探索和试错。

（13）创新需要集思广益，依靠所有成员的积极主动，通过探索、试错、淘汰、优化来实现。

KPI与OKR的关键差异如表15-2所示。

表15-2　KPI与OKR的关键差异

关键差异	KPI	OKR
适用时代背景	工业时代	数字时代
适用环境	静止、确定的环境	动态、不确定的环境
本质用途	绩效考核	目标管理
目标制定人	上层制定	自主制定
目标达成	强调100%达成	达到50%~60%，如100%达成则说明自己设定的目标无野心
人的前提假设	X理论 （假设人是消极、被动的）	Y理论 （假设人是积极、主动的）
员工要求	统一和服从	多样化和自主
管理手段	规章、制度、流程	价值观
管理方式	压迫式 （监督、控制、管理）	自驱式 （激发、影响、赋能）
目标明确度	有明确的目标	正确目标不明，需要探索
关键	效率驱动	创新导向
方向	自上而下	自下而上
目标规则	层层分解	目标聚合、优胜劣汰
任务导向	要我做什么	我要做什么
承诺与实现	低承诺、高实现	高承诺、低实现

第16章

BARRIERS AND GULLIES OF POWER

权力的壁垒与沟壑

1

力量的诞生与演进

组织的出现，意味着权力的诞生。所谓权力，就是**影响和控制组织、团队、个体按照自己的意志在当前开展行动的力量，**本质就是让他人或其他组织执行其原本不会做的事务的能力。无论是原始部落、封建时代的政府和军队、现代的工厂和公司，组织架构中的每个位置都有其头衔和等级，但是要搞清楚组织中谁掌握着真正的权力不容易，从这一点上说明权力具有非正式性和隐蔽性。另外，**权力又在影响各种关系，协调个体与团体、组织的互动，掌控组织的运作，并积极影响组织的价值观、规则，**并倾向于构建秩序。如果权力出现坍塌，则意味着秩序的崩溃。

> **在我看到有生命的地方，我就发现有追求权力的意志，就是在奴仆的意志之中，我也发现有要当主人的意志。**
>
> ——弗里德里希·威廉·尼采（Friedrich Wilhelm Nietzsche），德国哲学家

不仅人在追逐权力，企业组织也在致力于获取市场权力。过去主张自由市场的经济学家认为经济是供需机制，忽略了市场权力在其中的作用，或者假设权力在交易和竞争中相互冲抵了，不能影响到经济。今天经济学家都意识到**市场暴利或超额利润很大程度上甚至完全取决于权力而非效率**。过去这种市场权力的主要表现就是垄断，企业拥有的市场权力越大，即准入壁垒越高，就进入了垄断状态，构建了市场的主导性。这种主导性也表现在企业的市场定价权，以及在不失去市场份额的前提下让定价高于边际成本的额度的能力。市场权力拥有者确保获得和确保权力的可持续的主要途径就是发展和壮大规模，因为**规模意味着更低的边际成本、更大的市场份额、更强的企业实力和资源控制力、市场议价能力，**这也意味着后来者追赶自身的成本和代价极高。市场权力意味着企业构建市场秩序和格局的能力，这种权力的强大，可以令潜在对手望而却步，难以在市场立足。

过去，大型组织占有稀缺资源，但是进入互联网时代后，信息、资金、客户等战略资源的获取难度更容易了，如初创公司拼多多，可以在短时间内获取海量客户资源，并在创立3年时就完成首次公开募股上市，近一两年在用户量中超越了传统的电商巨头。**规模就是力量的时代已然过去。**大规模的巨头的市场权力在衰退，曾经无足轻重的小公司、个体获得空间和机遇，例如，今天的互联网上，传统的大型媒体话语权正在流失，个人意见领袖在崛起，人们已经进入了一个人人都是通讯社，个个都是电视台的新时代。

工业时代，企业需要依赖大量资源，如土地、设备等有形资产，这些资源具备独占性，在同一个时间点只能被某一个体或团体拥有，但是数字时代，企业逐渐轻资产化，公司的核心资产是其拥有的知识资产，而知识却有可能在同一时间被众多个体和组织拥有，并且知识的复制、转移成本几乎为零，且知识具备无限性和延展性，能生产近乎无限的新知识，即不存在零和博弈问题。**企业对于市场权力的获取从追求规模和战略资源控制，变成追求知识、技术的掌控力。**

财富能产生权力，权力也能产生财富。

——阿尔文·托夫勒（Alvin Toffler），《权力的转移》的作者

不仅企业，个体也是如此。过去的低技能岗位众多，人们只需要学习几小时就能掌握，这意味着几乎所有人都可以填补这个空缺。而未来，简单的岗位大多处于被机器人和自动化替代的风险中。技术的发展导致一些人类岗位的消失，也会诞生一些全新的岗位，但是这些岗位大多是高知识、高复杂性、高能力要求型的。某个区域的市场上有1万名求职者和1万个岗位空缺，表面上供需平衡，现实中因为技能和知识的缺失，可能一般人无法胜任这些岗位，导致实际上处于供需失衡状态。

在低知识密集型企业，基于效率驱动，工作简单重复。而未来的总趋势是企业不断提高知识密集度，并通过创新和延展不断向更高的地方移动，以提高准入壁垒。**未来产品和服务的价值主要来自知识密度。**而知识、信息是流动性最强的资源，随着技术发展，人类传递知识、信息的成本和所需时间都已经无限趋近于零。无论是**资金、商品、服务、能源，其价值的提升来自流动性，但知识、信息高速流**

动时，则意味着市场权力处于一种极度不稳定状态。政府部门对于垄断的容忍度比经济史上任何时候都高，因为今天企业貌似获得了强大的市场权力，背后却脆弱不堪。技术、信息、资金、货物、能源的流动速度在加快且成本在降低，降低了挑战者难度，领先者的优势难以维持，控制力在衰退。

今天市场权力已经演进为一种全新的形式——信息垄断，这也是未来的市场权力的全新形式。今天的信息霸权和互联网巨头，无时无刻不在如饥似渴地收集所有用户的浏览、点赞、搜索、收藏、评论、购买、支付等行为信息、收集用户的位置和轨迹信息，通过穿戴设备（如智能手表）收集步数、脉搏及健康状况，通过手机收集指纹、面部等生理特征信息，收集的数据越来越多样化、个性化、精确化，分析的技术和算法也越来越高深。这些数据构建了每一个用户的数字个人画像，通过给用户推送针对性的营销信息，评估个人的信用、预测购买行为等，从而产生巨额的收益，对这些**关键数据信息的控制，成为未来构建市场权力的基石。**

政治学家约瑟夫·奈（Joseph Nye）在其著作《软实力：权力，从硬实力到软实力》一书中描述了“软实力”，这是一种难以衡量却很容易感知的力量，包括声誉和尊严的威力、制度的善意、良好的环境和富有吸引力的文化。对于企业组织来说软实力相当于品牌这一知识资产，**品牌的目标是阻止竞争，品牌越有效，公司的市场权力越大，**如雇主品牌的强弱意味着组织在人才市场上吸引目标人才和候选人能力的高低，这是一种重要的市场权力。

综上，也可以得出一个结论：**权力的知识化是未来不可阻挡的总趋势。**

> **权力的斗争会越来越聚焦于知识的分配和获取。**
>
> ——阿尔文·托夫勒，《权力的转移》的作者

权力的斗争会越来越聚焦于知识的分配和获取。

——阿尔文·托夫勒，《权力的转移》的作者

2

环境的巨变和权力的偏移

在组织内部，权力构建于组织结构之中。在科层式组织之中，权力的来源大多来自上级的授予，上级会审视下属的决策，但是下属不能去审查或质疑上级的决定。在层级系统中，赞美总是属于权力拥有者，而不是创造客户价值者。在被任命后，个体就自动获得了相应的权力，从某种程度上来说，权力附着于职位。但是权力依赖于运用才能施展力量，权力的运用需要双方或多方互动才能有效开展，来自追随和服从。

服从性不但源自权力者可以提供的机会、利益、荣誉、奖励、惩罚，也可能来自其领导力、人格魅力等，前者具有强制性，后者具备自愿性。服从性构建了组织的秩序，秩序带来了稳定，稳定则给予领导者安全感。此外，权力需要被"禁锢"的受众，在没有出路或出路受限时，个体除了接受当前的权力，别无选择。当组织边界不再严密时，被管理或控制的个体能力增强时，权力的维持和控制的难度就加大了。

榜样比理性有更多追随者。我们不自觉地模仿我们喜欢的人，不自觉地接近我们钦佩的形象。

——克里斯蒂安·内斯泰尔·博维（Christian Nestell Bovee），作家

不同组织都生存于其对应的环境中，其组织架构需要表现出环境适应力，以生存和发展。组织环境的4种类型。

（1）稳定性环境（见图16-1）：介乎于"平稳"（变化可预测）和"动荡"（变化不可预测）之间。

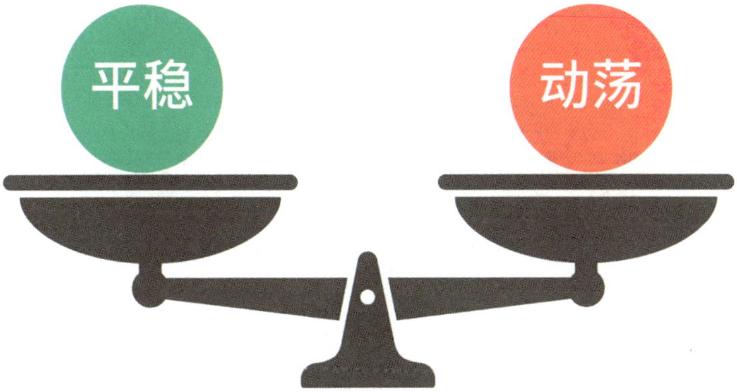

图16-1　稳定性环境

（2）复杂性环境（见图16-2）：介乎于“简单”（知识化要求低、内外部协作需求少）与“复杂”之间。

图16-2　复杂性环境

（3）多样性环境（见图16-3）：介乎于“单一”和“多样”（市场上存在大量不同客户、产品服务数量多）之间。

图16-3 多样性环境

（4）友好性环境（见图16-4）：介乎于“友善”（竞争对手的敌意活动少）和“敌意”之间。

图16-4 友好性环境

以上4种类型的环境导致不同的权力偏移和分配机制。

环境动荡导致组织倾向于有机结构（权力分散和流动），因为需要表现出灵活性才能适应，而环境稳定让组织倾向于官僚化（权力集中和固化）。管理大师亨利·明茨伯格（Henry Mintzberg）认为：官僚机构是指组织的行为可以事先决定，可以预测和标准化，有机机构是指不存在标准化的组织，这两种机构处于标准化的两极，其中还有很多中间状态。

如果官僚制给你添了麻烦，冲它大吼、踢走它，对它尖叫、打破它。

——杰克·韦尔奇，通用电气第8任CEO

德国著名社会学家马克斯·韦伯曾认为权力分散的组织必然会失败，但是在第二次世界大战中，战场态势的瞬息万变，指挥官需要采取迅速、灵活的行动，没有时间等待上级指令，人们意识到，过度的集权牺牲了灵活性，延缓行动导致失败。

在一瞬间，有100万个可能性，该向前走，或者继续等？

——克里斯汀·韦尔奇（Christine Welch），歌手

环境复杂性越高，则越导致多的授权、分权。没有信任就没有授权，没有授权就会导致没有快速的前沿决策，导致对于客户需求变化的响应迟钝化。少数决策者无法快速获得大量环境信息用于决策，也无法在短时间完成所需的决策，这时很多权力就会倾向于交给其他管理者，而当决策需要大量专业知识时，组织权力就会让位于知识权力，领导者就会寻求专家的建议或直接让专家做出决策。在层级体系内，影响力依附于权力，权利依附于职位，而不是个人的能力，而权力无法自由流动，个体而受更高级权力的支配。授权取决于上级的领导力、意愿、个性等，而非强制性规则。授权的本质是权力自上而下的扩散，在认为下属合适使用某项权力并有一致性和可预测性时，这种权力转移才会发生。

我们必须致力于打破拥有知识权力和组织权力的人之间的壁垒。

——安迪·葛洛夫，英特尔公司前CEO

市场越多样化，组织就会倾向于拆分为以市场为基础的业务单元，权力就会下放和分散到业务单元层面，顶层保留协调和支持角色。

敌意环境让组织倾向于采用集权式结构，因为这时组织的安全感较差，成员容易产生内部凝聚力，并确保对外做出快速反应，同时内部行动上协调一致。对内严厉惩罚离经叛道的思维和行为，对外不断发动“战争”，反对、打击不同观点和行为不同者。团结的小集团会出现“愿景思维”，即只相信自己愿意相信的东西，内部的任何质疑都会被当作一种逆反、背叛。

组织无法控制自己的环境，但组织需要构建强大的环境感知、预测、分析和快速适应的能力，这种适应能力表现在权力的分配和流动机制上。

“我们必须致力于打破拥有知识权力和组织权力的人之间的壁垒。”

——安迪 · 葛洛夫，英特尔公司前 CEO

3

利益、暴力、游说与规则

在《论战略的形成：政治概念》（*Strategy Formulation*：*Political Concepts*）一书中，伊恩·迈克米伦（Ian MacMillan）提出权力分类法，具体采用哪种取决于两个问题：

（1）改变的是现有局面（改变动机），还是对方对于局面的评估（改变偏好）？前者是一种高成本方式，后者是一种低成本方式。

（2）操控是否对对方有益？

伊恩·迈克米伦权力分类法如表16-1所示。

表16-1　伊恩·迈克米伦权力分类法

	有　益	无　益
改变动机	通过利益诱导（提供回报、利益、机会）即运用诱惑的力量； 中品质、高成本权力	通过暴力控制（命令、威胁、惩罚）即运用强制的力量； 低品质、高成本权力
改变偏好	通过游说劝服（广告、沟通）即运用说服的力量； 高品质、低成本权力	通过规则约束（规章、制度、流程）即运用道德义务的力量； 高品质、中成本权力

资料来源：伊恩·迈克米伦，《论战略的形成：政治概念》，1978.

权力的运用依赖于3种主要方式。

（1）暴力：暴力或威胁是行使权力的直接手段。

（2）规章：通过制定规则、制度来引导、规范人们的行为。

（3）游说：通过说服改变人们看待事物的态度，从而接受自身的观念，促进自身目标和利益的实现。

暴力的缺点是没有弹性，只能用于惩罚，容易引发反抗、排斥，所以属于一种低品质权力。但是，**利益（如金钱），不仅用于惩罚和威胁（消极方式），也可以**

用于奖励和诱惑（积极方式），属于高弹性和高品质权力，这两种权力的共同点都是成本较高。而游说劝服和规则约束属于知识性权力，属于高品质权力，如果运用得当，会获得对方的遵从和接受，甚至赞同（化敌为友），并说服他人放弃自己的想法，避免了潜在风险，避免暴力的出现和利益的损失。顶级的权力运用者，善于同时运用这4种方式并进行有效搭配，将权力的功效发挥到极致。

权力的运用还有一个重要的方式就是转移，如授权，毫无疑问授权能激发工作动机。才能和创造力需要一定的自主空间，只有赋予其选择、决定权，才能吸引、保留和任用好这些人才。权力的转移又分为纵向授权（Vertical Decentralization）即权力自上而下扩散和横向分权（Horizontal Decentralization）即非管理者（如专家或专家部门）控制了决策流程，如销售部门的协议需要法务部门的审核。

在组织中权力过度集中导致组织的弹性和适应力降低，无法应对动荡、多样和复杂的环境，但权力的过度分散和过度集中一样有害，必须寻找一个恰当的平衡点，在新旧平衡点转移时，会遭遇混乱、失序、震荡、衰退甚至崩溃。

（1）混乱与失序：导致未来的不可预知。

（2）知识和行为的流失：领导者无法将习惯、文化、规则灌输给员工，导致行为实现的机会流失。

（3）长线思维缺失：权力越不稳定，越容易被短期诱惑和恐惧所控制，越不会注意长期趋势和制订长期计划。

（4）人际关系的发散：权力衰退导致了不同观念和路线的争论及资源控制长期化，导致人际的疏远和发散与关系的紧张。

企业内的管理者有一种集权的内在动机，集权让人产生秩序稳定感、安全感、控制感，拥有权力者会进一步试图获得更多的权力，并制造需要如此的理由，从而进入不断集权的怪圈，所以绝对的权力导致绝对的腐化，和毒品、游戏一样，权力还会让人上瘾，欲罢不能。权力从边缘不断靠近决策和资源分配的中心，不断加强影响力，导致各种决策和行动变得随意、不确定和有局限。企业内的集权者会下意识抵制创新和变革，因为稳定意味着安全，变化则意味着威胁。因此，人力资源管理者未来最重要的工作之一就是合理配置权力。

本章小结

（1）权力是影响和控制组织、团队、个体按照自己的意志在当前开展行动的力量。

（2）权力在影响各种关系，协调个体与团体、组织的互动，掌控组织的运作，并积极影响组织的价值观、规则。

（3）市场暴利或超额利润很大程度上甚至完全取决于权力而非效率。

（4）过去，规模意味着更低的边际成本、更大的市场份额、更强的企业实力和资源控制力、市场议价能力。今天，规模就是力量的时代已然过去。

（5）企业对于市场权力的获取从追求规模和资源控制，变成追求知识、技术的掌控力。

（6）未来产品和服务的价值主要来自知识密度。

（7）资金、商品、服务、能源，其价值的提升来自流动性。

（8）知识、信息高速流动时，则意味着市场权力处于一种极度不稳定状态。

（9）关键数据信息控制，成了未来构建市场权力的基石。

（10）品牌的目标是阻止竞争，品牌越有效，公司的市场权力越大。

（11）权力的知识化是未来不可阻挡的总趋势。

（12）服从性不但源自权力者可以提供的机会、利益、荣誉、奖励、惩罚，也可能来自其领导力、人格魅力等，前者具有强制性，后者具备自愿性。

（13）服从性构建了组织的秩序，秩序带来了稳定，稳定则给予领导者安全感。

（14）组织环境的4种类型：稳定性环境、复杂性环境、多样性环境、友好性环境。

（15）暴力的缺点是没有弹性，只能用于惩罚，容易引发反抗、排斥，所以属于一种低品质权力。

（16）利益（如金钱），不仅用于惩罚和威胁（消极方式），也可以用于奖励和诱惑（积极方式），属于高弹性和高品质权力。

对权力的认知的过去思维和未来思维如表16-2所示。

表16-2　对权力的认知的过去思维和未来思维

对权力的认知	过去思维	未来思维
权力的体现	市场暴利、垄断	知识、技术的掌控力
市场权力的力量源	规模就是力量	个体崛起
权力来源	职位	价值创造能力
企业运作方式	低知识密集型企业，基于效率驱动，工作简单重复	高知识密集度，并通过创新和延展不断向更高的地方移动
权力的象征	有形资产的独占性等硬实力	声誉和尊严的威力，制度的善意，良好的环境和富有吸引力的文化
权力的转移	纵向授权	自上而下扩散和横向分权
权力配置	过于集中或分散	平衡配置

第17章

GROUP ACTION, HOT SPOTS MECHANISM AND DIGITAL SENSES

群体行动、热点机制与数字感知

1

非我群类，其心必异

群居动物都会表现出内部的团结和奉献，以应对外部威胁。**群体内部的成员会互相模仿，但会刻意寻找和其他群体之间的差异。**为了群体的自我保护，为了群体内部的团结和稳定，群体会刻意寻找外部的假想敌，所以群体内部的团结和外部的稳定不可兼得。组织的凝聚，需要成员更多的自我控制、约束，更多承担责任和奉献。为了内部的团结，人们会非常排外，区分内部的“我们”和外部的“他们”，哪怕“我们”和“他们”并没有太大差异。群体内有很多利他行为，但是群体间存在激烈甚至残酷的竞争。

一个组织的成立时间越久，就会越有可能在内部出现一些既得利益集团，因为挤入既得利益集团可以分享好处，所以这些集团很容易变得封闭，并阻止变化以防止集团既得利益受损。这时体制会变得僵化，要想推动增长，变革就变成必须，变革最困难的就是粉碎既得利益。

> **财富不会带来朋友，却极有可能增加敌人的等级和多样性。**
>
> ——伊恩·弗莱明（Ian Fleming），《金手指》的作者

2 滥竽充数之困与数字感知

美国著名经济学家曼库尔·奥尔森（Mancur Olson）提出了广为认知的“集体行动困境”理论：**一群有共同利益诉求的人，会紧密团结，倾向于选择集体行动行为，**但是**只有小团体更容易监督其个体成员的贡献，**惩罚“滥竽充数”“搭便车”者，个体主动贡献意识更强，更容易达成一致行动。当一个利益团体人数越来越多时，就很难成集体地一致行动，因为人多嘴杂，不同利益诉求太多导致难以协调，并且难以发现和监督不行动者。齐宣王喜欢300人的乐队吹竽，南郭先生很容混迹之中，但换了喜欢独奏的齐湣王，装模作样就很容易被发现了。这意味着**团体人数越多，冗余人员越多，不必要的人力成本、管理成本越大。**

此外，因为集体行动的收益由团体内的全部个体共享，但成本难以均分，所以导致每个人在做投入/回报分析时，都选择回避投入而坐享其成，导致集体行动难以达成。**人数越多，所有人共同协商并分摊成本的难度越高，**“滥竽充数”“搭便车”的行为就难以被发现，人们坐享其成的动机越强烈。曼库尔·奥尔森提出两种“选择性激励”以解决这一问题：

（1）向积极分子提供额外的激励，这种激励是团体内其他人不可共同分享的，而是独享特权。

（2）惩罚不参加集体行动者。

相比较而言，第1种激励只需要采用“悬赏”即可解决，但是第2种激励需要一个前提：能够精确识别出团体内的“南郭先生”。过去，评估一个人的工作行为、绩效和贡献主要采用纵向评估方式，即由个体的上司来执行考核，由他们处理表现不佳或惹麻烦的人。现在，这个工作主要采用学术领域广泛采用的同行评议方式，即横向评估方式，这意味着团体内的各个成员可以互相查看对方的目标和进展，可以通过一套目标管理信息系统来共享这些信息。这种评估方式是弱中心化甚至去中心化的，要求**团队成员具备强烈的责任感，能够站在团队立场上忠实履行监督和评估职能，而不沦为平庸的同谋。**

虽然这一做法在一定程度上提高了评估的有效性，但是仍然因为相对主观导致偏差。如果组织不能在平时收集大量高质量的工作数据，并且做出有效的分析，就不可能做出客观评估和精准判断，也就意味着评估的价值就会大幅度降低。同时也只有更加了解员工，才能为其量身打造工作体验，挖掘其潜力，充分发挥其才能。新一代的数字感知技术可以帮助组织收集内部的行为和环境信息，可以称为“获取洞察”，同时在帮助员工应对各种内外部挑战的同时，实时了解员工的目标和各种行为活动，可以称为“工作感知”，现在工作场所中的各种信息采集设备、传感器、团队协作工具等提供了大量的数据源（如Glint就通过人工智能和数据分析帮助企业提供员工健康状况的整体视图，并预测绩效趋势），帮助组织了解员工的工作行为和工作方式等真实状况用于分析并优化管理手段。虽然在过去，很多组织制定了领导者定期通过会面沟通听取员工意见的机制，但是因为担心自己的观点与领导者相悖，影响自己个人利益，因此难以获得坦率的反馈，组织所获取的真实、有效信息极少。而定期的员工满意度调查等，在很多组织已经成了形式主义和“鸡肋”，没有员工相信填写这些反馈能有什么作用。现在这种只有组织才能周期性发布调查以“获取洞察”的方式正在改变为人人可以随时发布调查，并获得及时反馈的方式，同时调查也不再只是简单的选择型问卷，现在的文本分析（Text Analysis）和自然语言处理（Natural Language Processing，NLP）技术已经发展到可以实时感知员工情绪、满意状况的程度，语音分析（Speech Analytics）正在被应用于“数字倾听”和分析语言沟通中的问题与意见。语音分析公司Cogito的产品已经实现根据语速、停顿、交谈模式、嗓音等语音特征确定分析对象是否高兴、愤怒、困惑或不满，这一技术还可以帮助员工心理援助中心的专家改进沟通方式和离职面谈等。员工的意见可以被实时记录和分析，而不再像过去一样只是被投进无人问津的意见箱。Officevibe这类公司发布的产品帮助组织建立匿名反馈机制，以帮助员工减少反馈真实想法导致的报复避免出现反馈信息失真问题，从而获取真实的建设性批评。

谷歌的员工泰利维·海思（Taliver Heath）通过20%自由时间工作制设计的“Dory”系统帮助员工在会议上匿名提交问题，如果其他员工对这个问题表示认同，排名就会上升，认同这一问题的人数最多，就会上升到首位，从而帮助公司、会议发起人、领导者发现团队心目中最紧迫的问题。这一机制也解决了过去企业方发布的满意度调查问卷因“闭门造车”地出题而导致针对性、有效性、紧迫性、相关性不足的问题。过去这些问卷提出的问题都是组织领导者或专家提出的，员工才能回答，没有权利提出问题，也无法获得全公司的注意，这一系统提供了一种在**过去会被组织和领导者忽略或处于其盲点区的重大问题、缺陷被及时发现并获得全公司注意和重视的机会**。匿名系统也让员工不必担心成为告密者的尴尬，避免很多重大问题成为“皇帝的新装”。企业文化之父埃德加·沙因（Edgar H. Schein）曾说：从核电站泄漏到航天飞机失事，以及墨西哥湾漏油事件，有一个共同发现是，底层员工掌握着本可阻止或减轻事故后果的信息，这些信息要么没有上报，要么被忽略或无视了，新的匿名问题自动排序机制解决了这一个问题。

今天，人们所用的手机中密布着各种传感器，如定位服务的磁力仪和GPS芯片、温度传感器、亮度传感器、心率监测传感器和计步器、测量运动和方向的加速计等。物联网、协作平台、强化分析技术将在不久的未来不断入侵工作场所，一家由麻省理工毕业生创办的公司Humanyze推出的扑克大小的“智能胸卡”，嵌入了麦克风、蓝牙传感器、红外扫描仪、加速计等多种传感器，实时捕捉、收集语音、体态、动作高达40种信息，每天收集高达4GB以上的数据，获得的数据再与绩效数据等汇总分析，以挖掘相关性的洞察。随着技术的发展，相关传感器性能将不断提升，并且价格大幅度下降，为大规模普及做好铺垫。办公家具公司Steelcase则通过在办公场所的建筑物和家具中嵌入传感器来收集各种数据了解工作和互动情况。开创了微表情、微行为的识谎研究的保罗·埃克曼（Paul Ekman）博士的“面部动作编码系统”（Facial Action Coding System）正与新一代的人脸识别技术和分析技术结合，实现谎言识别效率和精确度的大幅度提升，这一技术相信要不了多久就可以应用于面试等场景。**发现与衡量员工的有价值和高价值行为与活动有助于提高个体和团体的整体绩效。**

必须为技术注入人性，将价值观注入技术中。

——蒂姆·库克（Timothy Cook），苹果公司CEO

这些技术和设备未来大规模应用的最大阻碍不是技术成熟度和成本，而是职场伦理等。例如，Humanyze的“智能胸卡”只能让员工自己选择是否参与，同时通过严格的协议保证收集的个人数据只会用分析程序，不会与包括雇主在内的任何个人和组织共享，很多同类系统更是删除个人可识别数据信息，只呈现企业或团队级别的总体数据信息。其次是越来越严格的数据保护法规，2018年5月25日，欧洲联盟出台《通用数据保护条例》（*General Data Protection Regulation*，GDPR），该法例要求任何收集、传输、保留或处理涉及欧盟所有成员国内的个人信息的机构组织均受该条例的约束。即使一个主体不属于欧盟成员国的公司（包括免费服务），只要满足下列两个条件之一：

（1）为了向欧盟境内可识别的自然人提供商品和服务而收集、处理他们的信息；

（2）为了监控欧盟境内可识别的自然人的活动而收集、处理他们的信息。

该主体就受到GDPR的管辖，也就是GDPR是一项“长臂管辖”的法律。根据GDPR，只要涉及任何一种个人数据即可视为敏感数据：

（1）种族或民族出身。

（2）政治观点。

（3）宗教/哲学信仰。

（4）工会成员身份。

（5）涉及健康、性生活或性取向的数据。

（6）基因数据。

（7）经处理可识别特定个人的生物识别数据。

根据GDPR规定，只要被视为敏感数据，其处理仅在下列例外情况下才被允许：

（1）数据主体明示同意。该类同意应当是自由做出的、特定的、知情的且明确的。需要注意的是，雇主对员工医疗数据的处理（包括药物或酒精测试）不能以员工的同意为依据。这是因为，考虑到双方的层级关系，这种同意不被视为是自由做出的。

（2）在劳动法、社会保障法或社会保护法领域，雇主对此类数据的处理必须在欧盟或成员国法律或集体协议授权的范围内进行。

（3）在数据主体因为身体上或法律上的原因（紧急情况）不能做出同意时，为保护数据主体或他人的重大利益之目的所必需的处理。

（4）处理是由具有政治、哲学、宗教或工会目的的非营利团体进行的，并且该类处理仅涉及团体成员或前成员，同时，相关数据在未经数据主体同意的情况下不会向第三方披露。

（5）涉及已由数据主体公开的个人数据的处理。

（6）为合法诉求的成立、行使或抗辩或法院行使其司法职能之目的所必需的处理。

（7）根据欧盟或成员国的法律，为重大公共利益所必需的处理。该处理所追求的目的应当是适当的，且包含合理的数据保护措施。

（8）根据欧盟或成员国的法律或与医疗专业人士的合同，为预防医学或职业医学、评估雇员的工作能力、医疗诊断、提供卫生或社会保健或治疗或卫生社会保健系统和服务管理之目的所必需的处理。

（9）根据欧盟或成员国法律规定以适当的、特定的措施保障数据主体的权利和自由，在公共健康领域中为公共利益之目的所必需的处理。例如，抵御严重的跨境卫生威胁，或者确保医疗保健和医药产品或医疗器械的高标准。

（10）根据欧盟或成员国法律，为公共利益、统计、科学或历史研究之目的所必需的处理。该处理所追求的目的应当是适当的，尊重数据保护的基本权利，并采取了适当的、特定的措施以保障数据主体的基本权利和利益。

对如今的技术来说，最重要和急迫的问题，不再是满足原生需求，而是弥补昨天技术的罪恶及伤害。

——丹尼斯·加博尔（Dennis Gabor），工程师

3

包容与增强型决策

客观上，越来越严格的数据隐私法律限制了数字感知技术在职场领域的进一步应用，避免相关技术的滥用给予员工压迫感。但是毫无疑问，智能分析技术在未来的自动化辅助决策方面必然增强人为决策的质量和包容性（改善无意识偏见），弥补不足和避免不必要的错误。同时通过数据可视化技术，帮助管理者拥有实时的“态势感知”能力，并通过预警来提醒管理者注意和采取行动，避免情况恶化或错过最佳时间窗口。

> **不做决定也是决定。**
>
> ——哈维·考克斯（Harvey Cox），神学家

相对于基层员工，高管擅长分析和决策，但前提是他们掌握了真实和有效的信息。急功近利、妄自菲薄、漫不经心的决策会摧毁公司的美好前景，当决策者的权威不容挑战和质疑时，错误决策的风险就会激增。大多数组织中顶层决策者都是远离一线的，很多时候不能快速了解一线的真实完善的状况，无法获得辅助决策的足够有效信息，导致正确决策的可能性大为降低。底层的关键和重要信息需要冲破太多层级的藩篱，经过太多的压制、过滤和衰减，导致顶层无法获得真实状况。**一个组织的层级越多别意味着决策时间越长和决策错误越多。**

> **多样性和独立性非常重要，因为最优共同决策源于分歧和辩驳，而不是一致或妥协。**
>
> ——詹姆斯·索罗维基（James Surowiecki），作家

高管认为明智的信息，一线员工却认为愚不可及，这样的组织就离衰败不远了。数字感知和分析技术在未来将极大改善领导者的决策质量和速度。

本章小结

（1）群体内部的成员会互相模仿，但会刻意寻找和其他群体之间的差异。

（2）一群有共同利益诉求的人，会紧密团结，倾向于选择集体行动行为，但是只有小团体更容易监督其个体成员的贡献。

（3）团体人数越多，冗余人员越多，不必要的人力成本、管理成本越大。

（4）人数越多，所有人共同协商并分摊成本的难度越高。

（5）选择性激励通过向积极分子提供额外的激励和惩罚不参加集体行动者来促进一致行动。

（6）过去的纵向评估，即由个体的上司来执行考核，由他们处理表现不佳或惹麻烦的人，将改变为同行评议，即横向评估。

（7）同行评议、横向评估需要团队成员具有强烈的责任感，能够站在团队立场上忠实履行监督和评估职能，而不沦为平庸的同谋。

（8）由员工提出并通过类似于搜索引擎“热搜”和微博“热点”的群体投票机制让过去会被组织和领导者忽略或处于其盲点区的重大问题、缺陷被及时发现并获得全公司注意和重视的机会。

（9）发现与衡量员工的有价值和高价值行为与活动有助于提高个体和团体的整体绩效。

（10）一个组织的层级越多别意味着决策时间越长和决策错误越多。

关于评估与感知的过去思维和未来思维如表17-1所示。

表17-1 关于评估与感知的过去思维和未来思维

评估与感知	过去思维	未来思维
评估路径	纵向评估	同行评议/横向评估
评估方式	根据上司感觉判断	信息收集和精准分析
评估技术	问卷调查	获取洞察与工作感知
反馈获得	定期面对面沟通	高频、匿名反馈
谁、何时可以进行调查	组织周期性发布调查问卷进行定量分析	人人可以随时发布调查，并获得及时反馈的方式
调查机制	组织单项制定和发布调查问题	匿名问题、互动自动排序机制
有价值和高价值行为与活动判断	无法获得和判断有价值、高价值行为与活动数据	传感器来收集和判断有价值与高价值行为的活动数据
数据收集限制	受限于技术障碍	受限于职场伦理和法规

第18章

OVERTURN THE DESIGN AND PEAKEDNESS'S JOURNEY

设计的破局与巅峰之路

1

学会压杆的老鼠

1938年，哈佛大学心理学家伯尔赫斯·弗雷德里克·斯金纳（Burrhus Frederic Skinner）发明了一个有趣的实验装置：他将老鼠关在一个箱子里，箱子里有一个可供按压的杠杆（大都是一块金属板），在杠杆旁边有一个承受食物的小盒紧靠箱壁上的小孔，小孔外是食物释放器，其中储有颗粒形食物。只要箱内的老鼠在内推一下杠杆，即有一粒食物从小孔口落入小盒内，老鼠便可获得食物。

一只老鼠在经过了24小时的禁食后被放入了箱内，开始它毫无头绪地在箱内乱窜，偶尔按压了杠杆，获得了食物。老鼠开始可能并没有注意到食物落下，但若干次重复后，就形成了压杆获得食物的条件反射。这个有趣的实验装置，被后人称为“斯金纳箱”（Skinner box）。

人的行为也是这样——只要设计好激励和奖励措施，他就会听你摆布。

——伯尔赫斯·弗雷德里克·斯金纳，心理学家

“斯金纳箱”是一个非常了不得的洞见，斯金纳几乎开创了一个心理学的新门派。其他的心理学家都是被动地观察人类行为，检测一下对方是否有疑似的心理疾病，并给他进行干预性治疗；而这一门派的诞生是心理学史上的一次重大破局——主动左右人类的行为。

时至今日，这一门派有了正式的名称，叫作“行为设计学”（Behavior Design）。如今行为设计学的掌门人是斯坦福大学教授福格（B. J. Fogg）。依托福格提出的前瞻心理学理论，他把“行为设计学”和计算机科学，以及互联网应用联系在了一起，造就了一个个巨大的商机。

究竟怎么设计，才能让别人听你的去做一件事？福格说了以下3点：

第一，这个人必须自己想做这件事——需要有意愿。

第二，这个人必须能做到这件事——这件事越简单越好。

第三，你要提醒他做这件事——这就是一般软件、应用和广告做的事情。

福格行为模型如图18-1所示。

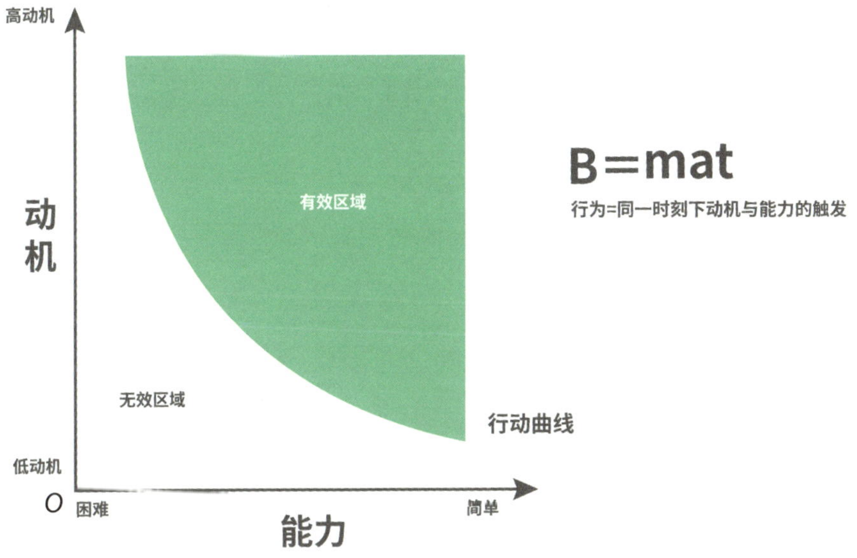

图18-1　福格行为模型

资料来源：https://behaviormodel.org.

只有满足了前两点，提醒才具备了自身的意义。如果一个人压根没有意愿这么做，向他发送的信息就会被视为无用甚至是骚扰信息；如果他有意尝试，但是这件事情的流程实在太复杂了，他就会感到困扰，索性打消了行动的念头。

行为投入取决于动机和能力两方面，如图18-2所示。

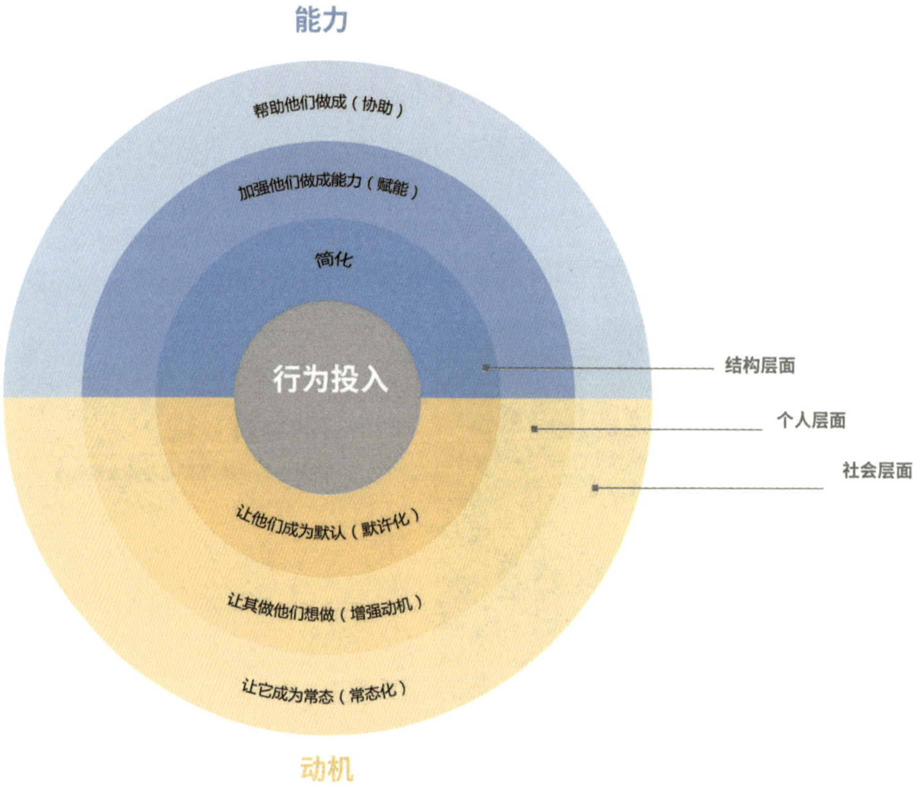

图18-2　行为投入取决于动机和能力两方面

资料来源：https://engagingleader.com.

> **5 只青蛙坐在浮萍上，4 只决定跳走。还剩下几只？答案：5 只。为什么？因为决定和行动是两回事。**
>
> ——马克·费尔德曼（Mark Feldman）、迈克尔·斯普拉特（Michael Spratt），《五只青蛙排排坐》的作者

如果一个员工的行动意愿很强，并且委任给他的这件事情难度适中，管理者的提醒和指引又恰到好处，那就会有一个特别好的效果——他会养成做这件事的习惯，并随着管理者的行为实现目标而非简单的命令和服从。所以，**领导力（Leadership Challenge）可以被形容为一系列行为设计的组合。**

2

飞跃的知识工厂

在如今这个时代，消费的趋势已经从“购买产品”转向了“购买体验”。生产及供应的自动化已经导致产品越来越不值钱，买回家还占据了大量空间。很多高级消费在于购买舒适的体验，如旅游度假、聆听音乐会、到NBA现场观看重大球赛、高空跳伞或蹦极的极限运动等。而这种体验行为设计的观念也逐渐对企业培训与学习领域产生了诸多的影响。

所以什么叫品牌？品牌就是你培养了用户的使用习惯。

——万维钢，美国科罗拉多大学物理系研究员

首先，行为设计给培训带来了理念上的变化，传统的培训以讲师为中心，现在更多以员工为中心；传统的企业更关心培训的实施过程，现在更关注培训的实效；传统的课程以及学习内容的交付形式以课堂为主，现在逐步转向课堂之外，未来知识空间上将呈现出翻转课堂式的发展……而长期以来主要从事的是以教学为核心的人力资源培训经理或外聘讲师，如今需要更加关注学习者的体验及行为设计，以完成新员工和新公司企业文化的过渡和融入。**培训可以带领员工进入一个庞大的知识仓库，但不能确保知识交付的效果及知识迁移的水平，没有真正意义上引导员工的行为，更谈不上员工发展的内驱力。**

基于此，相较于传统课堂式学习的培训与学习方式，更具互动性、场景式行为体验的培训方式——教练式辅导（Coaching）与导师指导（Mentoring）正在逐渐备受企业追捧。这些方式更具互动性、场景性的体验将原先固定在仓库的知识变成了飞跃的知识工厂，流动的知识体系传递让学习这一双向过程中的行为体验达到极致：能够桥接新加入员工和具有丰富经验的员工，让双方互相交换知识和传递实践经历，不仅能够提升企业内部代际的互动、提升学习体验与效果，也为新生代员工提

供行为设计的宽广舞台。

再以购买产品为例——品牌就是培养了用户的使用习惯，以培养用户上瘾为目标，福格又给出了以下两条经验。

- 第一，让用户在首次接触你的产品时就有一个好印象。这就是为什么你在刚入职新公司时，就收到了一个来自人力资源部门给予的新员工惊喜大礼包；这也是为什么谷歌浏览器的搜索起始页面特别注重开机体验的原因。
- 第二，让用户能经常获得成就感。例如，微信朋友圈、微博、Instagram，这些社交网络为什么让人上瘾？因为你每发一条状态，就有可能收获回复和点赞，就有可能吸引新的关注者，哪怕是一个小小的赞，也能给人带来一次愉悦的小情感波动。

对于商家而言，用户体验就是商机，其带来的最直接好处就是提升用户黏性，产生利润。**对于人力资源从业者而言，员工体验带来的最直接好处就是稳定人才在企业内的职业归属感，塑造符合企业长期发展愿景和战略的行为，为雇主带来更大的人力资本价值。**

“所以什么叫品牌？品牌就是你培养了用户的使用习惯。”

——万维钢，美国科罗拉多大学物理系研究员

3

迈向峰值的征途

现在的重点是，如何像行为设计那样，去设计让员工满意的学习体验？通过希思兄弟的研究发现："在重要时刻加入如下 4 种因素中的一种甚至几种，便能打造让员工难忘的峰值瞬间。"

第1个因素是欣喜，即制造惊喜，给员工超乎寻常的感受。希思兄弟认为制造欣喜有3个方法：提升感官感受、增加刺激性、打破脚本。书中有一个洞见，探讨为什么那些进行体育训练的人每天即使训练特别辛苦，一天到晚也特别有干劲儿；而那些在校学习的学生其实没有他们辛苦，为什么常常萎靡不振呢？因为体育竞赛有着迈向峰值的预期；但是应试学习的过程太过枯燥，没有观众的鼓舞，无法颠覆学生对于平淡学校生活的预期。正如一场拥挤在狭小会议室当中的新员工培训，讲师在讲台上费尽口舌地解释着使用多年的企业文化价值观PPT，台下的新员工却纷纷不自觉地闭上了眼睛。

第2个因素是突破认知，即引导人们形成自己的思考，从冒险和失败中意识到自身的潜能或不足，随后突破自我。例如，在一次新员工培训过程中，讲师要求大家上台用即兴演讲的方式介绍自己，对于擅长表现自我的员工来说并不成问题，然而对个别不擅表达的员工来说，想要突破，他们就要将自己置于一个有可能因冒险而失败的境遇之中。虽然看起来矛盾，但如果不突破自我，这些员工往往无法产生新的自我认知。研究表明，对自己的思想和感情进行反省或沉思，对真正了解自我没有什么帮助。若是对自己的行为加以研究，效果则要好得多。

第3个因素是荣耀，来自认同，来自里程碑的设立和破局的勇气。当一个平日非常不善言辞的人站在讲台上面临着台下观众时，他说出的第一句开场白便会为他接下来的演说带来了成就。本次演说便会成为他学习生涯中的一次里程碑。每达到一个里程碑，他都会感到一个实实在在的进步。

第4个因素是连接，即和他人联系在一起，共享美好或痛苦时刻的感觉。很多实验表明，如果一个团队共同经历过艰辛的时刻，一起奋斗挣扎过，一起体会过痛苦，一起分享过喜悦，这个团队的凝聚力会特别出色。所以在今天的很多企业培训中会加入户外拓展训练的环节，将诸多平日素不相识的员工进行团队式的分组协作，目的正是能让团队的所有成员能够和他人成立良好的连接，形成团队网络中不可或缺的一员。

此外，技术带来的进步是巨大的，在20世纪几乎每项新的科技发明都对培训与学习产生了巨大的影响，给员工带来了新的峰值瞬间。如虚拟现实（Virtual Reality，VR）、增强现实（Augmented Reality，AR）、混合现实（Mix Reality，MR）等技术，由于具有强烈的身临其境之感和人机交互性特征，为学习者提供了欣喜、突破认知、荣耀和连接的直接体验，让学习者在更加灵活生动并且安全的任何可能的工作情境中塑造适应新环境的行为，在训练中获得真实的体验并能够全身心投入，进而快速有效地提升学习体验。

VR、AR、MR解析如表18-1所示。

表18-1　VR、AR、MR解析

虚拟现实（VR）是利用电脑模拟产生三维虚拟世界，提供使用者关于视觉、听觉、触觉等感官的模拟、实时响应，并反馈到用户的五官，让使用者如同身临其境一般
增强现实（AR）是将虚拟的信息应用到真实的世界里，利用模拟仿真技术，将真实的环境和虚拟的物体无缝叠加到了同一个画面或空间中
混合现实（MR）是指在虚拟环境中引入现实场景信息，在虚拟世界、现实世界和用户之间搭建了一个交互反馈的信息回路，以增强用户体验的真实感

将虚拟现实等技术运用于培训与学习的知名企业不胜枚举，如资源勘探行业作为首批“吃螃蟹的人”，通过这些技术进行实况安全内容培训，培养勘探工人。不仅如此，虚拟现实技术的身影在通用汽车、摩托罗拉、飞利浦这些企业中频频现身。

通用汽车利用Google Glass培养操作工人，眼镜中不仅模拟出真实的工作环境，还能够在显示屏上提供附带的文本信息和操作指示，另外，管理者可以在Google Gadget查看实时的操作情况，及时给予反馈。

德国铁路公司（Deutsche Bahn AG）将VR技术运用在员工招聘与员工培养两大方面。德国铁路公司通过VR眼镜在进行员工招聘时，候选人有机会在虚拟空间中体验他们所申请工作岗位的实际情况，从而提升人岗的匹配度，让企业的竞争力大大改善。同时，公司也利用VR技术让内部员工体验未来的工作环境，以便让他们做好准备，迎接挑战。

除了以上外国知名企业正在利用虚拟现实等技术改变企业培训的轨迹，中国企业也不甘落后。青橙视界（Kingsee）是中国首家将AR智能眼镜应用于培训领域的高科技公司，专注于智能眼镜硬件和增强现实技术的研发，目前已推出硬件产品AR 智能眼镜 RealX 系列与工作辅助和培训系统 PSS。

未来，全新形态的培训管理应该是一个以学习者为中心、注重学习者学习和行为体验的“教、学、教练辅导”三位一体的知识工厂。**下一代的企业大学应该是将学习者放置在全新的环境中，全方位提升学习者认知能力，帮助员工在认知和行为实践方面实现质性飞跃的知识工厂。**

4
打破脚本

打破脚本不只是一种出乎意料，更应该是一种战略上的惊喜。与突破认知不同，打破脚本是在形成新认知的基础之上颠覆人们对于一段体验的预期。突破认知的出乎意料的确能让某个时刻给人留下深刻的印象，但是打破脚本的道理并非一句惊喜那么简单：前者让人们不得不去思考脚本，如设计一门培训的新课程；而后者让人们必须理解脚本并在人们现有的理解上颠覆对原有脚本的预期，如在这门新开发的课程中，添加许多令人意想不到的场景，如看似平常的情境下加入节外生枝的VR等技术。**管理人员应当将打造的峰值体验作为“老方法”和“新路子”之间的分界线，转变的核心，就是对打破脚本的需求。**

2008年，美国威富集团的CEO让原副战略官史蒂夫·伦德尔（Steve Rendle）引导一场让公司更富创新精神的活动。伦德尔和他刚刚雇用的新同事余松佳一起牵头开展这个创新项目，两个人准备了一份见解深刻且数据丰富的PPT演示文稿，以此来阐释他们的构想。两个人之前都有顾问工作的背景，他们不断地在文件中添加妙语巧思，最后，PPT累积到了120页之多。之后，距离两人在整个公司展示活动计划还有两个月的时候，伦德尔对这种方法失去了信心，决定换一种方法。他意识到，如果想要成功，就必须打破脚本。

威富集团的情况很复杂。这家公司的投资组合中包括了威格（Wrangler）、Lee Jeans（一个牛仔裤品牌）、范斯（Vans）、诺帝卡（Nautica）、杰斯伯（JanSport）、添伯岚（Timberland）及北面（The North Face）等知名的时尚品牌。一般来说，这些品牌都有自主运作的权力，而作为控股公司的威富集团则一直在幕后提供资金和后勤方面的支持。然而，2008年的经济危机出现后，威富集团遇到了瓶颈，公司的高层管理人员也开始重新考虑是否要以松散的品牌联盟形式继续经营。即便如此，他们仍然选择和相同的几家供应商做生意，制作出来的产品也大同小异。但是，他们就是不愿意互通创意。这些品牌不仅是彼此独立的，简直是彼此隔离的。他们太依赖于“买手”心血来潮的想法，而这些“买手”就是时尚产业中负责预测消费者喜好的人。余松佳说：“很多人都有这样的心态，‘好吧，消费者并不知道他们3年后想要穿什么样的服饰，那就让我来告诉他们应该穿什么吧’。”

对买手如此信赖，会磨平品牌学习与钻研的冲动。这些品牌不再努力接近消费者，不再为了与竞争者的比拼而绞尽脑汁，也不再继续寻找新的合作伙伴——从根本上来说，这就是伦德尔和余松佳想要改变的企业文化上的停滞。他们希望这些品牌能够相互学习，更重要的是，他们希望这些品牌能够走出去，从广大世界中汲取营养。

伦德尔决定淘汰这份120多页的PPT，和余松佳一起从头开始。他们意识到，他们的目的不是让同事们理解什么，而是让他们有所感悟。而这个目标，必须要在预计于2010年9月洛杉矶举行的领导会议上实现。

伦德尔表示：“我们决定，有关会议的一切都要改变。你想问标准的领导会议是什么样的？好吧，走进会场，你会看到一间低顶的会议室，圆桌旁摆着那种让人坐上去不舒服的千篇一律的金属椅子。然后，几乎清一色的是公司内部人员的演讲者接连上场，发表让人昏昏欲睡的讲话……这就是标准的领导会议。”于是他设计了一个打破会议脚本的计划，要想有机会实现变革，会议形式就必须出人意料。

大约150名同事来到了位于洛杉矶的会议大厅，他们发现，会场里没有桌子和椅子，只有足够容纳150人的沙发。威富集团的CEO埃里克·怀斯曼（Eric C.Wiseman）站起身来，拉开了会议的序幕。但是，意想不到的事情发生了。怀斯曼宣布，在这为期两天的会议上，大家都要“出去寻找新创意”。

不到5分钟，大家就都走出了门外，踏上了开往各处的巴士。其中一队参加了一场美学工作室的活动，专业人士为每个人化好妆，帮助他们选好衣服，然后指导他们进行摆拍；另一队与一群街头涂鸦艺术家在洛杉矶内城的一幢建筑物上进行涂鸦喷绘（这是合法的）；其他人有的在马里布海滩学习冲浪，有的练习即兴喜剧表演，有的则与名厨沃尔夫冈·帕克（Wolfgang Puck）一同烹饪了一顿大餐。

余松佳说：“绝大多数的公司都会让人们去思考PPT展示的内容，希望他们能有所感触，然后做出改变。但是说实话，绝大多数的PPT都无法调动丰富的感情——而我们则决定来个逆转。我们先让人们全身心地参与一些积极的活动，这将带动更多情感上的反应，好让他们有所感触。这样一来，他们就能去思考自己所学到的东西了。”

在这次为期两天的领导会议上，伦德尔和余松佳取得了意义深远的成果：从本质上来说，他们让公司的新战略变得更加震撼人心。**想要创新，第1步就是走出办公室**。心情愉悦并不是坏事！这不仅能刺激你，还能挑战你的极限，为你注入活力。这次体验让员工对公司关于创新的新策略充满了期待，回到家后，参会者开始将“到外面去”这条理念发扬光大。

对于企业的培训管理者而言，打破脚本是一个战略，这样做不仅能够打造凸显公司品牌的时刻，也能像在威富集团的例子一样，巩固学习者对企业文化认知的革新，**它能帮助学习者理解对某些事物记忆犹新的原因，也能让学习者对于一个关于记忆的最有趣的知识谜题产生更深入的了解**。就像《惊讶心理学》一书中所写的那样：“当万事确定时，我们感到最为安心；但当万事不定时，我们感到最有活力。”

本章小结

（1）领导力可以被形容为一系列行为设计的组合。

（2）培训可以带领员工进入一个庞大的知识仓库，但不能确保知识交付的效果及知识迁移的水平，没有真正意义上引导员工的行为，更谈不上员工发展的内驱力。

（3）对于人力资源从业者而言，员工体验带来的最直接好处就是稳定人才在企业内的职业归属感，塑造符合企业长期发展愿景和战略的行为，为雇主带来更大的人力资本价值。

（4）下一代的企业大学应该是将学习者放置在全新的环境中，全方位提升学习者认知能力，帮助员工在认知和行为实践方面实现质性飞跃的知识工厂。

（5）打破脚本不只是一种出乎意料，更应该是一种战略上的惊喜。

（6）管理人员应当将打造的峰值体验作为“老方法”和“新路子”之间的分界线，转变的核心，就是对打破脚本的需求。

（7）想要创新，第1步就是走出办公室。

（8）打破脚本能帮助学习者理解对某些事物记忆犹新的原因，也能让学习者对于一个关于记忆的最有趣的知识谜题产生更深入的了解。

关于人才培训的过去思维和未来思维如表18-2所示。

表18-2　关于人才培训的过去思维和未来思维

人才培训	过去思维	未来思维
学习地点	固定地点	无固定地点，可能发生于任何场景
学习时间	明确的时间设定	无明确设定，时间弹性大
学习参与	培训学习者	指导者与学习者形成双向互动
学习目标	明确的指导性目标	无明确指导性目标，强调行为体验和认知突破
学习体验	平淡，甚至枯燥无味	出乎预料，穿插技术带来新里程碑式体验
知识呈现	固定的知识仓库：固定化自上而下地传授	飞跃的知识工厂：“教、学、教练辅导”三位一体的连接

第19章

THE END OF THE EMPLOYEE TRUN OVER RATE

人才流失率的终结

1

一个负面指标

人才流失率通常被认为是企业经营管理中的负面人力资源指标，也是人力资源部每年必然统计的几个最重要的关键量化指标之一，一般也认为它是组织能力健康度的很重要评估指标，意味着组织能力的流失，而企业经营的本质是组织能力的延伸。一家公司业务拓展或扩张的前提是建立在组织能力增强并达到冗余状态基础上的，反之组织能力的流失，某种程度上意味着业务能力的衰败或收缩。

人才流失导致的成本如表19-1所示。

表19-1　人才流失导致的成本

成本类别A 离职成本	成本类别B 岗位空缺成本
• 知识产权的流失成本（重要的资料文件、知识和能力等） • 有关客户、供应商、合作伙伴、政府关系因员工离职而中断、恢复成本 • 离职导致的可能的经济补偿成本 • 离职面谈成本 • 结算未用完的年假成本 • 结算未调休完的加班成本 • 办理员工离职手续的成本 • 离职期间制造的工作场所暴力、蓄意破坏或制造干扰、怠工所产生的成本 • 与离职员工有关的劳动仲裁和法律诉讼成本，以及企业有关人员的参与成本	• 其他员工填补空缺成本 • 其他人员需要额外加班的成本 • 需要额外临时工的成本 • 需要外包工作的成本 • 主管级人员协调完成空缺岗位工作的成本 • 人员缺乏导致项目延误、质量下降导致的成本 • 人员缺乏导致客户不满和流失的成本
成本类别C 替代成本	**成本类别D 培训成本**
• 招聘人员就招聘、选才、录用等工作的准备成本，包括确定招聘策略、招聘渠道、增加或修订岗位描述、准备招聘广告和选才等 • 招聘广告、猎头等渠道成本 • 内部员工推荐奖励成本 • 接收和预览简历的工作成本 • 笔试、面试和测评成本	• 公司在离职员工任职期间为其培训、教育和资格证书获得等方面投入的成本，以及差旅费等 • 上岗前的入职培训准备成本 • 培训师的成本 • 培训资料成本

续表

成本类别C 替代成本	成本类别D 培训成本
• 面试、笔试和测评地点使用成本 • 内部候选人参加选拔而离开本岗位的成本 • 商讨候选人录用的成本 • 候选人体检成本 • 背景调查成本 • 录用通知准备、发送、签回和办理录用的成本 • 工资福利差异成本 • 录用报到前的准备工作成本 • 新员工在试用期内工作动态的跟踪和反馈成本	• 培训室、设备、办公用品、水电使用成本 • 培训学员的工资和福利成本 • 本地培训员的餐饮成本、外地培训员的差旅费成本 • 培训管理（考试、记录）、跟踪和反馈成本 • 短期内再培训成本
成本类别E 损失的生产率成本	**成本扣减F 雇用新员工导致的可能获益**
• 离职员工提出辞职前后 1~2 个月损失的生产率成本 • 内部候选人参加内部招聘损失的生产率成本 • 部门主管生产率下降成本 • 离职员工对部门下属或整个部门生产率的影响成本 • 空缺岗位损失的生产率成本 • 人力资源部时间占用和生产率下降成本 • 离职员工对其他部门员工士气影响而导致他们生产率下降的成本 • 新员工工作失误导致的成本 • 新员工对其他部门效率影响造成的生产率影响成本	• 新员工的工资与原员工工资的差异 • 岗位空缺后节省的工资和福利 • 新员工的绩效优于离职员工 • 新员工在企业内产生的短期和长期的积极效应

大多数情况下不认为一个组织整体人才流失率处于高位是一件好事。

2

关键的组织能力流失率

只看一个组织的整体人才流失率，很多时候会犯以偏概全的错误，由于人才的能力差异、绩效和贡献率差异、岗位可替代性差异，岗位人才的市场稀缺度差异，企业招聘和培训能力的不同，同等数量的人才流失对于企业组织能力的影响是截然不同的，所以相同人才流失率的两个企业，组织能力的损失比可能差别极为巨大。甚至会看到一家20%人才流失率的企业比一家50%人才流失率的企业的组织能力的损失率要大很多。而一家企业今年和去年人才流失率均为20%，却会在组织能力的损失上有数倍巨大差异。

举一个例子，例如，组织规模相同的A公司、B公司同样流失10名人才，A公司流失的是关键、核心、高绩效人才，B公司流失的一般人才，所以A公司组织能力伤筋动骨，B公司组织能力几乎毫发无损。

三国时期，诸葛亮陨落于五丈原，这一个（请注意仅仅一个）关键、核心人才的流失，直接导致蜀国组织能力的重挫，导致一蹶不振，无力北伐，直到灭亡。这一个人的流失，可能要比几十万名大军的损失对于蜀国的组织能力损伤都要大很多。

有些人才的流失看上去不直接导致公司整体组织能力的影响，但是可能瘫痪某一个部门的运作能力，而基于木桶理论，一个木桶能装多少水由最短的木桶决定，整个公司的业务能力大小很多时候由最弱的那个部门决定，因此这类关键人才对于整个公司的业务间接影响也不可小觑。

所以，人才盘点工作异常重要，需要提前锁定组织内的关键、核心、重要的人才。保留人才是需要付出代价的，组织保留人才的资源、能力不是平均分布在每一个人才身上的，应该尽量倾斜于关键、核心、重要的人才。

再举个例子，C公司和D公司都流失了10名人才，C公司由于招聘能力不佳，岗位长期处于空缺状态，D公司快速完成了招聘，且较短时间完成新员工培训，并使得新员工达到胜任状态，那么这意味着C公司在组织能力因为人才流失导致衰减后，迟迟得不到恢复，而D公司则因为健壮的招聘、培训能力使得组织能力恢复如初。人才流失导致组织能力的流失可以通过强大的招聘、培训、优化配置能力进行对冲，从而保持组织的健康和可持续生存发展能力。

在特定行业的一些公司，高流失率可能是一种故意而为之，这听起来有点反常识，难道世界上还有企业嫌流失率低的吗？或许真的有。

根据TechNews的报道：2017年，麦当劳在美国的门店员工流失率达150%，但是2017年麦当劳人均创造的营收为9.7 万美元， 2016年仅为6.5万美元，业务表现上显示麦当劳几乎没有受到高人才流失率的影响，事实上高人才流失率几乎是美国快餐行业的常态。毫无疑问，工作的枯燥、快节奏、高压力会是人才流失率的重要原因，但是对于蓝领工人或服务人员来说，薪酬竞争力绝对是离职第一要素，当薪酬水平缺乏竞争力时，蓝领的流失率就会处于高水平上，而薪酬水平具有较高竞争水平时，则意味着极高的用人成本，2017年麦当劳的员工人数高达23.5万人，薪酬水平哪怕只上升10%，对于这样一个有海量员工的企业也是极大的成本增长，成为不可承受之重，意味着立即从盈利转为亏损。因此，保持较低的薪酬水平的市场分位值对于特定企业是确保盈利的前提，但是后果是企业不得不承担高员工流失率的代价，但是如果拥有强大的招聘、培训能力，则较高的人才流失率不会对组织能力、企业经营造成严重后果，甚至毫发无损。因此也可以得出一个结论：**人才流失率越高，则要求组织的招聘、培训能力越强，**这个能力表现在成本、效率、质量三维度，也就是人力资源部门可以快速、低成本、补充合格人才，同时可以快速、较低成本培养出足以胜任的人才的能力，而如果是组织内的领导人才流失，则需要考验人力资源部门的领导力供给线的健壮性、继任管理的有效性。例如一个总监离职，可能有两种情形：一种是公司内部有一堆继任人选，晋升后足以胜任总监岗位；另一种是公司内无人堪当此任，只能耗费几十万元甚至百万元巨资聘请猎头公司高薪延揽外部人才空降，而外部人才空降一般需要组织承受较高的风险成本。因此，招聘、培训、领导力发展、继任管理等能力是组织能力的自我修复、补充能力的体现，最终影响组织业务相关的生产、服务、拓展能力，直至经营业绩。

再举个例子，E公司流失了一个人才，这个人的市场同类人才在人才市场上非常稀缺，招聘非常不易，代价极高。F公司流失了一个人才，这个人的市场同类人才在人才市场上供给充足，招聘容易。因此，这两种情况对于组织的损失是大不相同的，这个损失大小，不仅是人才的能力、绩效、重要性决定，而是人才的市场稀缺性决定的，今天需要理解，人才的薪资不仅由岗位、绩效、能力来决定，还和商品一样由其市场稀缺性决定，因此需要权衡保留人才的成本和重新招募补充这类人才的成本来决定留才策略。

3
致命的平均岗位空缺率

5年前，《财富》杂志评选全球最佳雇主，当年全球最佳雇主第1名花落谷歌，杂志上刊登了案例文章，其中提及谷歌的年度平均岗位空缺率为2%，而雅虎年度平均岗位空缺率达到8%左右。所谓岗位空缺率指的是岗位空缺数/企业齐装满员所需人数，影响岗位空缺率因素主要有：人才流失速度和数量、招聘速度和数量（人才补充效率）、员工编制数量增减等，人才流失率由企业的人才保留能力决定，招聘效率由企业的雇主品牌、薪酬竞争力、招聘团队能力强弱等一系列因素决定，员工编制数量则由企业对于未来业务的预期决定，预期增长时扩编，预期衰退时裁员。如果假设编制不变的情况下，那么岗位空缺率则是一个组织人才流失速度和数量与招聘速度和数量对冲的结果，可以把组织想象成一个人才水池，有一根进水管和一根出水管同时工作，这两根水管最终决定水池处于什么水位，而这个水位就是岗位空缺率。

岗位空缺率处于高位对于有些行业的企业，特别是谷歌、雅虎这样的互联网行业的公司影响是致命的，因为互联网行业，速度是生死攸关的。这个行业很多时候遵循赢家通吃（Winer Take All）定律，也就是只有第1名才能生存下来，如微博这个领域只有新浪微博可以幸存，而网易微博、腾讯微博、搜狐微博只有死路一条；微信成功意味着米聊、来往的全军覆没，市场不给第2名生存的一丝机会，更不要说第3名以后。而在新市场尚未形成前赢家通吃前，所有这个市场的玩家需要把产品开发、迭代、推广、获得客户的速度发挥到极致，快到不能再快，因为谁慢谁死，并且所有前期投入全部成为沉没成本，血本无归，因此马化腾称为“生死时速”。而要做到新产品新项目的极致的高速度，本身就是组织能力的延伸，意味着组建新团队的速度快，意味着新团队尽可能保持齐装满员，也就是相对于竞争对手在岗位空缺率保持优势，意味着新团队的人才质量或胜任力、敬业度对竞争对手保持优势，同时也意味着团队管理能力需要对竞争对手保持优势，只有这些方面都能保持优势，新业务才能有足够的胜算。小米的米聊在和微信赛跑后，最终错失重大战略机遇，对于小米的潜在机会损失达1万亿元左右，因为微信的市场估值大约1万亿元人民币，当马云意识到移动社交蕴含万亿级重大战略机遇后，推出“来往”，并且一度喊出宁可死在来往的路上，也绝不活在微信的群里，但是“来往”依然折戟沉沙，更要命的时微信对支付宝发动了“珍珠港事件”——推出了红包功能，通过这个功能暗度陈仓，完成大部分用户的银行卡支付绑定，在移动支付领域攻城拔寨，现在已经占据了手机移动支付市场一半的市场份额，要知道这些市场份额原本大多属于支付宝，如果在移动社交的赛跑导致直接损失1万亿元的话，那么导致的连锁反应又导致移动支付这个领域万亿级的损失，试问有几个公司，又有几个国家可以承受如此巨大的代价了？

可见新业务、新产品在市场格局尚未落定的初期，速度是多么重要，而保持较低的岗位空缺率对于团队的整体执行力、业务进展速度至关重要。回到之前谷歌的年度平均岗位空缺率为2%，而雅虎年度平均岗位空缺率达到8%，这就意味着作为对于速度有着极致要求的两家互联网公司，在进行新业务速度赛跑时，谷歌将始终保持组织能力的较大甚至绝对优势，这个指标决定这两家的产品生死和公司的前途命运。优步公司创始人特拉维斯·卡兰尼克（Travis Kalanick）说：“作为一家企业家，我试图将公司速度推到极限，将油门踩到底。”今天我们要说的是，公司的扩张速度需要组织能力的保障，平均岗位空缺率而非人才流失率是衡量组织是否能确保业务速度的核心量化指标。

4
组织的3个漏水孔

一般而言，狭义上的人才流失率可以理解为正式员工的流失率，广义而言，除了正式员工的流失，还有两种流失率对于组织影响巨大：候选人阶段的人才流失率、入职阶段的人才流失率或新员工流失率。候选人阶段的流失率和正式员工流失率不同除显而易见的与组织有无劳动契约关系以外，最重要的是越优秀的候选人流失的概率更大，而正式员工则未必，一家企业流失的正式员工不见得都是最优秀人才。而越优秀的候选人被其他机构通知面试、发Offer的概率更高，也就是机会更多，这就导致加入组织的可能性就会降低，因此决定候选人流失率的候选人体验管理至关重要。遗憾的是，现实中仍然可以看到很多企业对于应聘候选人不友善的情况出现，如对于不少企业统计发现，候选人平均等待面试时间高达30分钟以上，而优秀候选人尊重的内在需求（也就是马斯洛第4层心理需求）较一般候选人更强烈，因此较差的体验更易导致候选人流失，一旦这个流失率处于高位，则组织将不会有足够所需数量的优秀人才加入，长此以往，组织能力就无法得到修复和增强。所以，候选人体验和客户体验同等重要，甚至更为重要，直接决定了候选人流失率的高低和组织未来的人才质量。

另一种流失率是新员工的流失率，这个流失率主要由入职管理决定。新员工的流失意味着招募这个新人所耗费的资金、时间、人力物力全部白费，也就是“煮熟的鸭子飞了”，而且同时又再次产生职位空缺，需要重新投入资源和时间重复工作一遍。此外，由于新员工一般尚未产生贡献，企业对其还处于上岗培训等净投入阶段，一旦离职也意味着这方面成本的巨大浪费，意味着组织在其身上投资回报率为负数，而大部分正式员工组织的投资回报率总体是正数。统计显示几乎绝大多数公司里，基于员工全雇用周期和工作年限流失率统计均显示新员工的流失率远高于正式员工，加强和改善入职管理可以显著改善新员工流失率，也将加快组织能力恢复和增强的速度。

5

人才流失的望远镜

要提前预测一个员工是否会离职，过去需要依靠其直线领导的人际敏感度，某些高敏感度的领导者甚至可以提前一个月就能通过各种行为异常，如敬业度明显下降、与同事沟通显著减少、会议参与率等陡然下降等察觉出离职倾向。但是低人际敏锐度的领导者，很多时候需要收到员工的辞职申请后才能了解到员工的离职意愿。一个员工提出离职申请前后，进行挽留人才的干预的效果是大相径庭的，付出的代价也不同。

有研究指出，员工在产生离职意愿尚未告知企业前，企业进行有效干预，保留的成功概率为70%~80%，而一旦员工在正式申请离职后进行干预，保留的成功概率大降为10%以下，且保留成本激增。因此，感知到员工离职意愿的萌芽阶段极为重要，而如果仅仅依靠领导者的人际敏锐度显然是不够的，好在现在的大数据、人工智能的技术的发展提前预测员工离职提供了可能性，主要的逻辑就是通过监测员工的数字行为，系统可以自动识别出数字行为的异常，如对外联系数量增加，对内联系数量减少等。2017年，市场上一项这类产品的广告，已经号称可以提前30天预测出员工是否离职，准确率高达95%！未来或许有一天一位HR找到一个员工，询问他是否要离职，而他一脸迷茫地回答“我没有要离职啊”，HR却能斩钉截铁地说：“不，你要离职，你的行为告诉我们你要离职”，也就是当离职意愿尚处于潜意识阶段，行为规律已经表现出来了，而意识里尚未形成强烈的离职意愿。

现在，今日头条、淘宝等平台都能做到千人千面，也就是有多少个用户，就能有多少种首页，每个人看到的页面完全不同都是定制的，根据平台过往收集的此用户的浏览、搜索、收藏、点赞等行为建立每个用户的个人画像，然后基于个人画像向用户推荐每个人自身感兴趣的内容、商品等，也可以预测客户未来会购买什么商品，理论上技术已经可以做到比用户自己更了解自身的兴趣和行为规律，基于这样的技术，通过跟踪监测员工的数字行为也可以预测未来的行为，如离职等。

本章小结

（1）组织需要用组织能力流失率、平均岗位空缺率替代简单的人才流失率指标，也就是基于流失人才的能力、绩效、替代性、关键性、重要性等评估其对于组织能力带来多大的损失；用平均岗位空缺率来评估组织能力自我修复能力。

（2）业务能力本质是组织能力的延伸，人才的流失本质是组织能力的流失。

（3）做好人才盘点工作，提前锁定组织内的关键、核心、重要的人才，有助于有的放矢地保留人才。

（4）保留人才是需要付出代价的，组织保留人才的资源、能力不是平均分布在每一个人才身上，应该尽量倾斜于关键、核心、重要的人才。

（5）人才流失导致组织能力的流失可以通过强大的招聘、培训、优化配置能力进行对冲，从而保持组织的健康和可持续生存发展能力。

（6）在那些需要严格控制用工成本的行业，高流失率有时是故意为之，但是这些公司拥有强大的招聘、新员工培训能力，可以承受高流失率带来的负面效应。

（7）公司的发展需要组织能力的保障，平均岗位空缺率而非员工流失率是衡量组织是否能确保业务发展速度的核心量化指标。

（8）人才流失率有3种：候选人流失率、新员工流失率、正式员工流失率，需要加强重视候选人流失率，因为越优秀的候选人越容易流失。有时候选人流失对于组织的影响远大于正式员工流失的影响。

（9）候选人体验和客户体验同等重要，甚至更为重要，如果客户体验决定了营业收入和客户流失率，候选人体验则直接决定了候选人流失率的高低和组织未来的人才质量。

（10）人才流失的预测现在有了大数据、人工智能等科技手段，借助于科技手段，做到提前高概率预测，可以更高效率更低成本地保留人才，因此作为企业需要尽快拥抱这些新科技。

关于人才流失率的过去思维和未来思维如表19-2所示。

表19-2　关于人才流失率的过去思维和未来思维

人才流失率	过去思维	未来思维
人才流失率的界定	正式员工的流失率	3个阶段：候选人阶段的人才流失率、新员工流失率、正式员工流失率
人才流失率的指标	主动离职率	平均岗位空缺率
人才流失率的预测	管理人员的敏感程度	大数据、人工智能等科技手段

第20章

THE PSYCHOLOGICAL CONTRACT AND WORK DYNAMICS

心理契约与工作动力学

1

宏观与微观的视角

人才招聘、选拔很多时候是个一次性、间歇性过程，有着简单而清晰的目标和评判标准，但是人才保留则是持续性过程。因为“错误”的原因失去了“正确”的优秀人才，轻则导致组织效能下降，重则会让组织能力损失巨大甚至崩溃。但是不少企业对于人才的流失并不重视，掩耳盗铃并且振振有词，常见的关键性错误和误区有：

- 地球离开谁都转。
- 招聘一个人顶替就好。
- 离开的都是心怀不满的叛徒。
- 流失是一种常态，不可能留住每一个人。
- 人既然已经走了，管他什么原因了。
- 太忙了，没时间关注离职问题。
- 阻止不了其他公司的挖角。
- 员工离职是一种常态和正常现象。
- 离职是不可避免的经营成本。

> **公司是激情、竞争和梦想的温床，打造或摧毁人们的职业生涯。**
>
> ——波拉·伯恩斯坦（Paula Bernstein），《亲情关系，公司纽带》的作者

人才选择离开或留在某个组织里的原因有很多，有些个人问题、情况和要求因素属于组织无法控制的，如求学、婚姻、年龄、家庭因素等，而大部分的主动离职则是因为公司、直接主管、同事、工作等。人才保留困难反映出的，可能是系统或领导者出现了异常。离职的个人原因容易指出，但是系统问题更重要、影响很大。人才保留涉及两个主体：组织和人才，组织是否具备保留人才的引力和挽留人才行

为的拉力或促使人才离开的推力，同时人才对于组织是否有向心力或离开组织的离心力，双方之间的力量博弈决定了人才的去留。如果双方间产生同向力量，如**组织对于人才产生排斥力且人才对于组织产生离心力，或者组织对于人才产生吸引力且人才对于组织产生向心力，则会让保留和流失的可能性倍增。**

离职原因与留才手段如表20-1所示。

表20-1　离职原因与留才手段

离职原因	留才手段	留才措施	职责归属
系统原因（组织层面）	宏观手段	长期策略： ● 雇主品牌与价值主张体系、愿景、使命 短期策略： ●“竞业限制” ● 限制自身的“猎头”供应商不得挖角 ● 确保薪酬体系的外部竞争力 ● 员工满意度调查与改善	人力资源部
个人原因（个体层面）	微观手段	长期策略： ● 人岗匹配 ● 员工个人职业发展路径 短期策略： ● 内外部发展机会的比较 ● 离职面谈与说服	直线领导

人们确实不可能保留着所有的栋梁之材，但是在去意萌生时发现、和去意未决时沟通，确实对于人才的保留有很多作用。而如果领导者在人才萌生去意时感知迟钝、在表明去意时冷漠，则实际上提升了人才流失的概率。

看到优秀人才流失时，首先要思考的问题是，他们是对公司自身、领导、工作的不满还是被其他求贤若渴的公司诱惑或吸引。前者应该通过满意度调查和定期的上下级的沟通、访谈来获取信息并制定对策和行动计划，后者在实践中，很多公司则是采用“竞业限制”、限制自身的“猎头”供应商不得挖角、确保薪酬体系的外部竞争力等“堵”的方式解决，但是如果组织的员工价值主张、愿景、使命对于人才的吸引力不足，公司已经千疮百孔，所有“堵”漏的手段都不会是有效的。

人们会离开老板、同事、职位和系统，人才离职本身没有错，人们出于各种原因离开公司、更换工作，这是公司无法控制的。但是，人才保留困难反映出的，可能是系统或领导者出现了异常，最可怕的错误就是把系统和领导者的问题掩盖，而把全部的离职原因归结为员工的不忠诚。

人力资源管理工作的重心放在了招聘人才上，而保留人才的工作几乎直接交给了直线部门的领导。虽然统计和研究显示，人才一般不是因为某一位领导者而加入的，最终离开的原因中大部分是因为直线领导者。但是人力资源部门构建的强健留才体系一样不可或缺，只有宏观和微观两个体系都运作良好，且人力资源部和直线部门配合良好，留才机制才能有效运作。

人才保留通常被误认为是个人偏好和个人选择的问题，人才离职经常被认为是不适合、懒惰、不够娴熟、不能处理压力，或者观念不正确的，极少被认为是由于组织内部的系统问题。

公司是激情、竞争和梦想的温床，打造或摧毁人们的职业生涯。

——波拉 · 伯恩斯坦，《亲情关系，公司纽带》的作者

2

重新确立的新起点

客户市场竞争的加剧的效果蔓延到人才市场，今天所有企业都被迫身处于一个没有硝烟的“战争”之中——人才战，这场“战争”没有结束，甚至永远不会结束，但是赢家已定：人才！

为了吸引优秀人才，组织会承诺予以雇员利益和发展机会，必要时甚至不惜夸大发展机会，千方百计地掩饰自身的不足之处，以至于人才对于组织的客观实际情况的了解不足甚至被蒙蔽，会进入一种恶性循环：人才因为新工作相对于个人期望有落差，因而渴望能满足自身要求的新雇主。**招聘面试阶段的不恰当承诺导致人才的期望过高，就会埋下离职意愿的种子，所以人才的保留工作不是在人才提出离职申请以后而是在招聘面试阶段就开始了。**招聘面试是组织和人才信任的开始，也可能是信任的终结。

> **相互信任是社会系统运行的重要润滑剂。**
>
> ——肯尼斯·阿罗（Kenneth Arrow），1972年诺贝尔经济学奖获得者

组织和人才都希望对方满足自身的要求。组织期望忠诚、奉献、踏实和勤奋的人才，人才则期望雇主能提供较高的薪酬福利、良好的职业发展机遇、更好的培训和发展机会等。双方对彼此的预期不可能完全符合现实状况，如果任何一方不能达到对方预期，就会出现期望与现实的不匹配，从而滋生不满。如果组织和人才发现彼此自始至终都不能满足对方预期，也许需要反思招聘选才工作了。

> **理想与现实之间，动机与行为之间，总有一道阴影。**
>
> ——托马斯·斯特尔那斯·艾略特（Thomas Stearns Eliot），美国诗人

工作最娴熟、最聪明、最勤奋、最尽责、最优秀的人才在市场上“一将难

求”，雄才大略的优秀的人才也最能找到适应个人目标或者符合自己的成功定义的职位。组织提供的发展机遇和人才的需求之间存在巨大鸿沟时，他们不可能待在错误的岗位上，庸庸碌碌，他们需要有充足的职业上升空间，一旦受阻，就会萌生去意。他们对培训、发展和辅导的需求很高，但是组织未能提供或需求被忽略，则离去就成为必然。

比培训员工然后放他们离开更糟糕的事，莫过于不培训他们，并让他们留下。

——齐格·齐格勒（Zig Ziglar），作家

人才保留、人才发展和招聘结成一个紧密的闭环。招聘到正确的人会增加公司发展机会，降低了流失的可能性，也增加了公司的发展机会，人才流失的减少反之也减少人才招聘需要。

比培训员工然后放他们离开更糟糕的事，莫过于不培训他们，并让他们留下。

——齐格 · 齐格勒，作家

3

两个阶段与最佳时机

员工提出离职大多不是一时冲动的结果，而是在某一刻萌发转身离去的意愿，经过长时间的思想斗争，慢慢走向了松动状态，在寻求家人、朋友等意见后，最终做出离职行为。

因此，员工离职通常会经历两个阶段。

第1阶段：意愿到决定，受到某个外部刺激，从而萌生去意，到做出辞职决定的时间段。这也是人才的最佳挽留期，这一阶段组织可以较低代价并大概率地使其回心转意，但是关键在于其直接领导者的人际敏感度需要较高，能够及时捕捉到员工走向游离状况的种种迹象，如心不在焉等。

第2阶段：决定到离去，从决定离职到真正一走了之的时间段。一旦做出决定，人就会坚定自己的意愿，向组织和领导者表明自己的离职，并为之做好准备，采取寻找新工作等行为。一旦做出决定，组织挽留人才的概率大降且成本激增。员工之所以选择离职，如果不是受了外部的诱惑，大概就是有种种不满，这些不满的刺激因素尚未根除之前，让其留下来继续忍受的代价必然极为高昂。即时留住人，但留不住心，身在曹营心在汉的人才，保留的意义也不大。

4

天平的两端

人才对于不公平最为敏感，一旦认为组织或领导者有不公平对待，就可能萌生去意。**公平是一个人对公平的理解和实际情况之间的接近性或差距。客观公平和人们主观的感知公平有着明显的鸿沟，**对于自我认知的差异导致人们低于回报的期望有着显著差异，同时，哪怕实际的回报与期望没有落差，人们也会通过和其他个体的比较产生不公平感。人才将自身与他人进行社会化对比：基于利益、回报等输出和时间、精力等投入因素，做出定量判断（投入回报相等或不等）。投入是人才认为他们为工作所倾注的，例如工作时间、努力、社会成本，或者是其投入在工作中的能力、资历和经验。产出是人才认为其工作所得，如工资、福利、声望、满意感、认可、成就或声誉。然而公平的想法却是建立在人们自己内心认知的投入和产出比，而不是客观状况。

人才倾向于积极地使自己的产出与投入相匹配和平衡，会通过努力工作获得回报以及他人对自己认可、欣赏、晋升等，以此来平衡个人的投入与产出系统。当人们觉得感受到自我认知的不公平（付出少回报多）、不平衡（付出少回报多）时，他们有以下可能选择和行为。

（1）**改变投入：**如付出的多寡。

（2）**改变产出：**如要求更多回报或放弃某些自认为不合理的回报。

（3）**改变参照物：**选择不同的比较对象，从而获得公平感。

（4）**改变自我认知：**通过自我反思，重新定位自己的能力、贡献。

（5）**改变对他人看法：**对他人的能力、贡献重新认知。

（6）**选择放弃或离去：**选择其他能获得公平的地方。

（7）**报复：**对公平的想法是工作中引发报复行为的主要动机之一。

基于塞缪尔·斯托弗（Samuel Stouffer）等人构建了相对剥夺理论（Relative Deprivation），**当人们感到相似的投入没有得到相同报酬时，心理上就会产生相对剥夺感，这类感受的积累会引起不当行为，并为个人的消极甚至腐败提供借口。**相对剥夺感越强，则企业的士气越差，组织的腐败程度也越高。拥有雄心壮志的人心甘情愿为工作投入更多的时间、精力和努力。他们会努力投入最多，并期盼同等的结果。不能管理好公平感，就不能控制人才的流失。

5

内外连接的阈值与心理契约

期望值是将个体期望和客观发生的事物进行连接的理性阈值，沟通的重要性在于：有效的沟通刻意降低员工可能怀有的不切实际的期待。人才只有受到了如下激励才会在工作中有更佳表现。

（1）认为自身的行为会收获确定的、令人期待的结果。

（2）认为这种结果值得奖励。

（3）认为奖励是珍贵的。

如果这3种信念中的任何一种破灭，员工就会丧失动力，进而不再努力，甚至选择放弃而离去。如果人才没有得到其认为理所当然的回报，其积极性就会收到挫伤，如果行为得不到奖励，包括显性奖励（经济性）和隐性奖励（精神性），人们不会重复这类行为和继续努力。不在乎组织给予的奖励的人，就不会付出努力去得到。同时，人才对于奖励的个体相关性要求也在变高，对于经济回报要求更高的人，奖品、荣誉的激励效用不大，组织需要慎重决定激励的方式，找到针对性的个性化方式，才能让人才获得满足感，降低流失的可能性。奖励必须被员工看重才能成为前进的动力。**假设所有的员工想要的奖励都是相同的，奖励的价值部分决定于人的偏好**：有些人喜欢加薪，有些人喜欢休假、奖品，意识到这点，越来越多的公司正在制订弹性自助式的奖励计划，即在系统中，员工从一系列可行的选项中挑选自己中意的额外利益。

期待值对管理者提出了明确的暗示，做出的承诺超过他们实际能给予的很有诱惑力。但是，有根源的、未兑现的承诺和期待，却常常是招致报复的第1步。

约翰·保罗·考特（John Paul Kotter）在其《心理契约：管理入职过程》（*The Psychological Contract: Managing the Joining-Up Process*）一文中，提出“心理契约”

的概念："个人与组织之间有心照不宣的约定，该约定规定了一方对于另一方的取舍。"这一契约包含了个人希望提供的和企业希望获得之间的匹配和错配，以及企业希望提供的与个人希望获得之间的匹配和错配。由于心理契约不可能白纸黑字地签署，所有产生偏差和误判的概率就会大增。

知之者不如好之者，好之者不如乐之者。

——孔子，中国古代著名思想家、教育家，春秋末期鲁国人，儒家学派创始人

如果重要的心理预期未得到满足，组织采取的行动会是解雇，而员工则会先出现一些行为信号：

- 态度冷漠，对于公司、同事的事情不再关心。
- 减少和领导、同事的交互行为，如开会时不再发言。
- 行为举止突变，心不在焉。
- 工作质量和业绩明显下滑。
- 频繁请假。

组织角度，需要做到3个工作以管理好员工的期望值：

（1）组织需要了解候选人和员工对的预期，并区分合理和非分的期望。

（2）避免做出不合适的、无法兑现的承诺。

（3）在某些承诺无法兑现时，需要明确告知并沟通说服，而不是躲躲闪闪，欲盖弥彰。

6

工作的动力源

人才选择放弃而离职前，自己已经丧失了前进的动力，因此保留人才工作，本质上需要确保人才对于工作有内在的动力，以下是工作的主要动力源。

- **认可**：为员工的业绩和成就喝彩。员工做出的工作需要得到应有的褒扬，可能的话，需要尽量公开，作为领导者需要尽量抽出时间来寻找和认可优良的业绩。
- **乐趣和享受**：运用想象力和游戏化，将工作变成趣味和惬意的事情。
- **好奇心**：新事物引发人们的兴趣，让他们超越现有技能和知识。改变和挑战都能够激发好奇心。
- **控制**：赋予优秀人才在实际中的工作自主权对于工作内容多样性的工作极为重要。即使只是暂时的，控制感的存在也能创造更大的投入感和认可感。人们需要知道并相信自身努力对结果之间有着实际而强大的影响，并且必须能够自由选择所学的东西和学习的方式。
- **挑战**：目标应该由员工和领导者双方共同制定，其中也涉及将目标中遇到的困难/挑战最小化。当任务难度可及，目标有意义时，人们做得最出色。此外目标应该是可延展的，可以视作发展计划的一部分。目标与关键结果法（OKR）在现在被越来越多企业采用，很大程度上就是因为这一方法论允许员工依据自我认知，自主设定有意义的目标和指标，并根据关键结果获得反馈，便于知道自己进展得如何。
- **竞争**：将不同员工的表现进行一些对比，但不是基于赢得比赛的想法，而是作为一种反馈资源。当然，这个做法过度时，可能减少了员工间的合作，从而带来消极影响。

- **合作**：鼓励员工互相支持和帮助，共同完成目标。人们喜欢帮助别人，也喜欢被别人帮助。合作提高了团队绩效也增强了人际关系氛围，也降低人们离开的意愿。
- **意义**：**让员工与组织正在帮助的客户、用户见面沟通是最有效的激励因素之一，能让他们在最短时间内领略到工作的非凡和重要意义**，这种意思对于大多数而言，远胜过其对于金钱的渴求。

> **人们可能把自己的工作看成简单一份工作，必需但并非生活中重大的积极方面，也可以是一项需要“赢取”或“提升”事业，或是一种使命的召唤，即所做的是有益于社会的事情，是喜悦和满足感的一种来源。**
>
> ——艾米·卡普钦斯基（Amy Kapczynski），耶鲁大学法律教授兼教务主任

人才愿意待在让其感到快乐的组织里，对于组织氛围、管理机制和认可奖励方式感到快乐。人们乐于与其喜欢、尊重和信任的人一起共事，愿意待在能看到美好未来、能实现自身抱负的组织。

> **一个社会中，个体相互信任度每增加 15%，这个社会的年人均国内生产总值就会增长 1%。**
>
> ——保罗·扎克（Paul Zark），经济学家

对有些雄心壮志的人才而言，不断尝试新环境和挑战也许是内在需求，这帮助其在不同的组织和部门中获取不同经验，或许对于某些人才，无论组织采取任何措施，他们终将离去，但是这些离开的优秀人才或许加入到了组织的合作伙伴、客户、供应商等利益攸关者中，给予企业以帮助，同时他们也会成为组织的代言人，甚至将来会重回组织。

> **工作的最重要动力是工作中的乐趣，是工作取得成果时的乐趣以及对这个结果的社会价值的认识。**
>
> ——阿尔伯特·爱因斯坦（Albert Einstein），史上最伟大的物理学家之一

因此离职面谈不能忽视，尽管很多组织的离职面谈都变成了形式主义，导致离职面谈难以实现预期目标。好的离职面谈应该能够实现以下目标。

（1）获取导致员工离职的组织层面原因。

（2）尽可能在最后一刻让优秀人才回心转意。

（3）避免可能出现的劳动法诉讼。

（4）满足员工离开前的合理请求。

（5）让员工提供有助于组织和其他同事的信息或建议。

（6）为“好马吃回头草”做好铺垫。

（7）制订行动计划，避免导致离职的组织层面原因再次出现。

本章小结

（1）人才招聘、选拔很多时候是个一次性、间歇性过程，有着简单而清晰的目标和评判标准，但是人才保留则是持续性过程。

（2）组织对于人才产生排斥力且人才对于组织产生离心力，或者组织对于人才产生吸引力且人才对于组织产生向心力，则会让保留和流失的可能性倍增。

（3）招聘面试阶段的不恰当承诺导致人才的期望过高，就会埋下离职意愿的种子，所以人才的保留工作不是在人才提出离职申请以后而是在招聘面试阶段就开始了。

（4）员工离职通常会经历两个阶段：第 1 阶段是意愿到决定，这是挽留人才的黄金时间段，第 2 阶段是决定到离去。

（5）公平是一个人对公平的理解和实际情况之间的接近性或差距。客观公平和人们主观的感知公平有着明显的鸿沟。

（6）人才倾向于积极地使自己的产出与投入相匹配和平衡，会通过努力工作获得回报以及他人对自己认可、欣赏、晋升等，以此来平衡个人的投入与产出系统。

（7）当人们感到相似的投入没有得到相同报酬时，心理上就会产生相对剥夺感，这类感受的积累会引起不当行为，并为个人的消极甚至腐败提供借口。

（8）期望值是将个体期望和客观发生的事物进行连接的理性阈值，沟通的重要性在于：有效的沟通刻意降低员工可能怀有的不切实际的期待。

（9）假设所有的员工想要的奖励都是相同的，奖励的价值部分决定于人的偏好。

（10）让员工与组织正在帮助的客户、用户见面沟通是最有效的激励因素之一，能让他们在最短时间内领略到工作的非凡和重要意义。

关于人才保留的过去思维和未来思维如表20-2所示。

表20-2　关于人才保留的过去思维和未来思维

人才保留	过去思维	未来思维
人才管理工作重心	招聘人才	人力资源部和用人部门配合的“留才体系”
人才保留的问题归因	个人偏好与选择	组织内部系统问题
人才保留的主要行动	招聘时期雇主单方的承诺	人才与雇主双方预期的一致性
人才保留的启动阶段	人才提出离职申请后	招聘面试阶段
离职干预	在第2阶段干预（决定到离去阶段）	在第1阶段干预（意愿到决定阶段）

“工作的最重要动力是工作中的乐趣，是工作取得成果时的乐趣以及对这个结果的社会价值的认识。”

——阿尔伯特·爱因斯坦，史上最伟大的物理学家之一

第21章

OVER THE OTHER SIDE OF THE MOUNTAIN AND KANT'S PLATYPUS

山的那一边与康德的鸭嘴兽

1

山的那一边是未来

人们要去的地方在远方，隔着万重大山，并没有前路可循。在漫漫征途中，人们的思维方式决定人们的命运，唯有坚持不懈和不断试错才能跨越艰难险阻，达到目标。

> **不走寻常路，忘掉那些老生常谈。**
>
> ——山姆·沃尔顿（Sam Walton），沃尔玛创始人

各种信息扑朔迷离，各种线索盘根错节，各种利益交错连接，各种力量钩心斗角，要想准确鉴别判断，对于趋势进行准确判断，几乎不可能。人类应对未来的思维方式有两种，一种是预测未来会有哪些变化？根据趋势，抢风口，跟随、投入并押宝于这些变化的事物上。另一种是判断未来有哪些不变？然后发力在这些未来不会变化的趋势上。前一种思维通常被称为“投机取巧”，是大多数人容易走进的误区，后面一种思维方式也被称为“杰夫·贝佐斯”式长线思维。长期导向者，会更有自制力，并更加坚守道德底线，行为一致性更强；短期导向者更易投机取巧，反复无常。中长期的确定性，就需要回到基本和哲学层面进行思考。

例如，演说家与畅销书作家托尼·罗宾斯（Tony Robbins）认为：人类有6个不会改变的基本需求。

- 确定性：确定性给予人们安全感，避免焦虑，获得快乐。
- 变化：人们需要各种变化、意外和新鲜事物的刺激。
- 重要性：人们需要感觉被尊重、被认为自身很独特、重要。
- 爱和社交：人们需要彼此联系，爱和被爱。
- 成长：人们需要自我成长。
- 贡献：人们需要对外贡献，证明自己的价值和获得意义。

管理的核心永远是人，满足人的核心底层需求，是管理永远不变的使命。

不是每一件需要考虑的事情都是重要的，也不是每一件重要的事情都需要考虑。

——阿尔伯特·爱因斯坦，史上最伟大的物理学家之一

未来的管理需要从股东价值最大化转向兼顾员工价值、客户价值、社会价值、股东价值。通过合作而非竞争，通过创造更多客户价值、社会价值而非关注和打击竞争对手。更多的客户价值和社会价值，源自再生的创新能力，**创新本质是一种快速、低成本的试错能力，**这个能力是未来能力的核心。试错值得也应该鼓励，信息能够自由充分广泛分享，不再强调绝对统一，而是和而不同，不再强调绝对服从而是允许自由空间。

不会有人在墓志铭上写上这样的话：他最大化了股东价值。

——约翰·凯（John Kay），经济学家

2 分水岭与峭壁边缘

今天，人力资源管理面临着重要的分水岭，碳基文明和工业时代的管理学围绕服从、勤奋、熟练，核心是假设人是低度责任感的，所以需要高度控制。这种传统管理致力于稳定、优化和效率而非创新和变革，从而不能应对日新月异的变化。高度统一和服从必然导致丧失了多样化和创新精神。未来人类正在大步迈入硅基文明和数字时代，管理学将围绕内驱、积极、创新，走向低度控制、高度责任。传统人力资源管理的前提假设深刻体现了对于员工的不信任，强化了遵从，并通过惩罚机制来保障，未来的管理需要构建于高度信任和低度惩罚的机制。**未来的组织的控制功能不会完全消失，而是越来越多来自横向控制（同行评议），这完全不同于现在的纵向控制（自上而下地监控）。**

> 人们不抗拒改变，人们抗拒被改变。
>
> ——彼得·圣吉，《第五项修炼：学习型组织的艺术实践》的作者

过去，**战略制定和执行先自下而上地收集、整理、分析信息，再做决定，然后自上而下地层层分解执行，未来则通过内部市场机制（液态网络），多样性（种类繁多的选择）、试验和价值筛选机制来实现。**顶层不再规则制定者，而是规则守护和资源配置的催化剂，让新战略自发涌现。

既有资源的重新组合可以创造全新的物种。过去组织内部的能力、资源重新配置和组合受到横向（部门）、纵向（层级）的掣肘，构成了组织发展新能力、新模式、新机构的障碍，从而限制了组织的市场适应力。未来的组织需要打破了这些藩篱、桎梏、隔阂、壁垒，让资源和权力可以流动，流向组织内最能创造客户和社会价值的个体和团队、流向组织内的高效创新部分。未来，人力资源管理部门的核心使命是创造鼓励员工合作、创新、进取的环境，培养出组织的创新可遗传性（领导

者的高瞻远瞩、运气不可复制和遗传）和可再生性（文化和机制）。**为了保证组织活力，内部重组不再是长周期的自我调整行为，而是持续动态的自我迭代。**

> **组织是从内而外来界定的，通常被描述为谁向谁汇报，有哪些部门、流程、结构。另一方面，企业是由外而内界定的，包括市场、供应商、客户和竞争者。**
>
> ——托马斯·斯图亚特（Thomas Stewart），咨询顾问，
>
> 《智力资本：组织的新财富》的作者

今天，所有管理者都需要为这些经济学和管理学历史上史无前例的重要转折和重要趋势做好准备和提前思考。

“人们不抗拒改变，人们抗拒被改变。”

——彼得 · 圣吉，《第五项修炼：学习型组织的艺术实践》的作者

3

脑海里打架的小人与挺进恐惧区

今天，各种管理学说层出不穷，很多理论甚至完全对立、相反、冲突，让人无所适从，难以取舍。其实人们并不需要从中分出正反、黑白、对错，“此岸”和“彼岸”也许不是对立的，两种对立的理论或观点也许都没有错，而是有其对应的适用范围，人们要做的就是思考其适用的范围和对象，如将OKR运用于传统的工业流水线人员的管理，必然代价惨重，以失败告终。之后就是在两种对立的观点之间权衡，这并不是妥协。如管理中的公平和效率问题，绝对的公平就会导致失去效率，绝对的效率优先就会导致丧失公平，而如果采用折中的做法并不会兼顾公平和效率，在客观事实中并没法做到完完全全不偏不倚，所以需要**在匮乏时需要偏重效率，在富足时需要偏重公平**。经济过度自由放任时会导致失控，这时需要采用凯恩斯主义；经济管控过度丧失活力时需要偏重哈耶克主义。人们必须从泾渭分明思维走向融合思维，只有如此，才能到达最高的智慧状态。

> **真理不在中间，也不在某一端，而同时存在于两端。**
>
> ——查尔斯·西缅（Charles Simeon），19 世纪英国牧师

人的成长在于走出舒适区，如果人们处在一切处于可控和自我感觉安全舒适的状态，则此时的人是最不可能进步、成长的。迈出这个区域后，就会进入恐惧区，面临各种事物的失控和不顺，让人深感不安和局促，遭遇的各种挫折和失败，让人信心顿失，有的人就会为这些错误、问题寻找借口，或者茫然失措。跨越此区，人就会进入学习区，在这个区域迎接各种挑战，解决各种问题，同时获取新的技能，积累新的经验。突破此区，就会进入成长区，在这个区域寻找和设立新的目标，征服新的目标，并向梦想迈进。

从舒适区到成长区如图21-1所示。

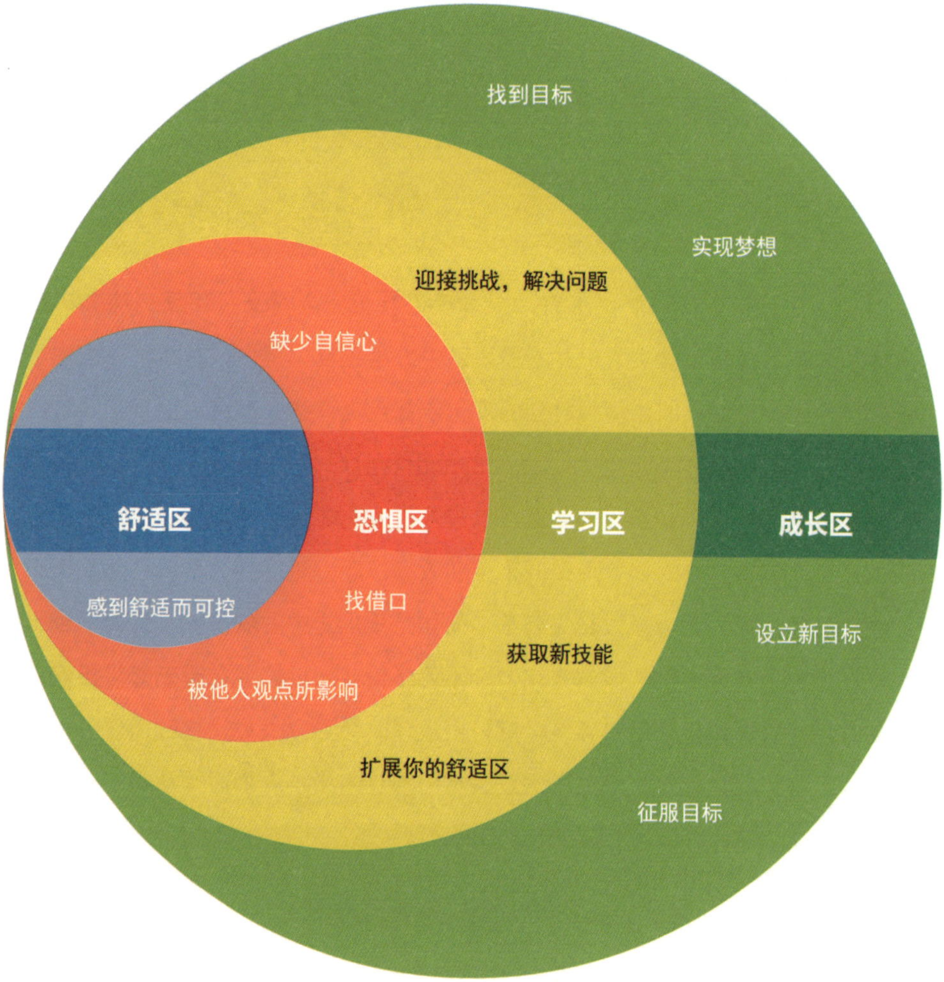

图21-1 从舒适区到成长区

资料来源：https://mobilemonkey.com.

“真理不在中间，也不在某一端，而同时存在于两端。”

——查尔斯·西缅，19 世纪英国牧师

4

康德的鸭嘴兽

伊曼努尔·康德（Immanuel Kant）是人类史上最具影响力的思想家之一，康德的认识论解释了自然科学基本原理的形成问题。当来自澳大利亚的稀有动物鸭嘴兽初抵欧洲时，当时的人们没有任何可用词汇来命名不为人知的奇怪生物。现在，人们把鸭嘴兽来作为象征物，用于解释连康德都未曾解决的认识论问题。未来，在一片迷雾之中，没有人可以穿越迷雾，洞见未来，虽然绝大多数人都认同使用VUCA［Volatility（易变性），Uncertainty（不确定性），Complexity（复杂性），Ambiguity（模糊性）］这样的抽象描述来形容未来，但其实没有人能够相对形象地为人们展现未知的世界。很多时候限人们于无知的是已知，很多时候需要人们放弃已有的存量，空杯心态才是面对未来全新环境的正确方式。

美国管理学家赫伯特·西蒙（Herbert Simon）认为**人是有限理性的，因此个体的决策应更多采用启发法（Heuristics）**，追求的不是最优化而是差不多就行。启发法是无法得出最优解的，或者在获得最优解的代价太高时，无法获得最优路径，只能不断试错。最优化法是尽可能穷尽所有的信息，获得最优解；启发法则是刻意忽略部分信息，反而能获得解决问题的办法。厨师打开抽油烟机时和高尔夫手挥杆时，并不需要理解空气动力学的知识。有限理性（不完全理性）是因为人类的感知、记忆、判断、决策受到不完美（或有“缺陷”）的大脑、感官的影响，并受到个人的情绪的影响。大脑或感官的某些“缺陷”（如人类感知不了超声波和次声波、红外线、紫外线）是长期进化的产物，这是一种自我保护机制。

对于一个事物，人们会做出直觉判断，直觉是基于情感上的反应，是一种快思维，而理性推理则是一种慢思考。理性推理只是在直觉判断后找到理由来说服自己，证明自己此前的判断是正确的而已。直觉是数百万年进化而成的，而有意识的理性推理不过是千年来人类开发出来的补丁，用以修正直觉判断而已。

毫无疑问的是，未来将有越来越多的全新商业模式、越来越多的组织样式，也会有越来越多的全新的人力资源管理思维、方法、技术……对于这些全新变化，人力资源管理者最可怕的状态是“四无”。

- **无感**：对于组织和自身内、外部的变化和情势缺乏态势感知能力。
- **无知**：对于当前工作和变革的必要信息和知识缺乏。
- **无视**：对于内外部的新变化、新问题视若无睹。
- **无能**：对于环境异动、全新需求缺乏对策和行为能力。

出现这种状态是因为人们处于认识论所言的“必然王国”，即对外部客观事物及其规律没有形成真正的理解、认识，能自由支配自己和外部世界的一种状态，只有认识和掌握了人力资源管理趋势的必然性和规律性，才能从组织和管理学领域中盲目力量的支配和奴役下解放出来，从而让自己进入“自由王国”状态。当人们面对未来时，只有自我挣脱这股盲目力量的束缚，才能从恐惧、迷茫、紧张变为坚定、有憧憬和受鼓舞。

人力资源管理者必须是组织内最积极、警醒且活泼的灵魂，需要认识到市场和组织是一个有机体，外部商业环境的一切变化最终都会或慢或快地传递到组织内的每一个个体，需要有对应的人力资源管理对策。另外，**任何战略都需要组织能力的储备、支撑和有效运用，否则战略就沦为无源之水，无本之木。**而人力资源管理者正是战略与组织连接的桥梁。

> **越过此河，也许将是悲惨的人间世界；但若不越过，吾将毁灭。**
>
> ——盖乌斯·尤利乌斯·恺撒，军事统帅、政治家

随着商业环境的迭变，组织面临的挑战越发艰巨和紧迫，作为人力资源从业者，重任在肩又责无旁贷。商业的伟大风暴来袭，人们在商业世界巨变的前夜，时不我待。虽然大部分组织做出改变，很多时候来自不受控制的情势出现或者诱惑、痛苦，但是智慧的领导者可以“在不得不改变之前做出改变”。

在不得不改变之前就做出改变。

——杰克·韦尔奇，通用电气第8任CEO

“路漫漫其修远兮，吾将上下而求索”。无论愿不愿意，人们终将跨过卢比孔河，这是作为人力资源从业者的使命。

本章小结

（1）人类应对未来的思维方式有两种：一种是预测未来会有哪些变化；另一种是判断未来有哪些不变。是否投入到未来变化或不变的事物上，将导致未来的结果截然不同。

（2）人类有6个不会改变的基本需求：确定性、变化、重要性、爱和社交、成长、贡献。

（3）未来的管理需要从股东价值最大化转向兼顾员工价值、客户价值、社会价值、股东价值。

（4）创新本质是一种快速、低成本的试错能力。

（5）未来的组织的控制越来越多来自横向控制（同行评议），而非纵向控制（自上而下地监控）。

（6）过去，战略制定和执行先自下而上地收集、整理、分析信息，再做决定，然后自上而地下层层分解执行，未来则通过内部市场机制（液态网络），多样性（种类繁多的选择）、试验和价值筛选机制来实现。

（7）既有资源的重新组合可以创造全新的物种。

（8）为了保证组织活力，内部重组不再是长周期的自我调整行为，而是持续动态的自我迭代。

（9）在匮乏时需要偏重效率，在富足时需要偏重公平。

（10）任何战略都需要组织能力的储备、支撑和有效运用，否则战略就沦为无源之水，无本之木。

“在不得不改变之前就做出改变。”

——杰克·韦尔奇，通用电气第 8 任 CEO

HR的过去思维和未来思维如表21-1所示。

表21-1 HR的过去思维和未来思维

HR	过去思维	未来思维
时间导向	短线思维，投机取巧，投入于变化的事物	长线思维，投入于不变的事，但是关注变化并重视其影响
决策和行为倾向	绝对化与极端化	平衡
决策和行为模式	折中	因时因势而变
价值取向	股东价值最大化	兼顾员工价值、客户价值、社会价值、股东价值
管理中心点	围绕服从、勤奋、熟练	围绕内驱、积极、创新
核心假设	核心假设人是低度责任感的，所以需要高度控制	低度控制、高度责任
致力目标	致力于稳定、优化和效率	致力于创新和变革
控制方式	横向控制（同行评议）	纵向控制（自上而下地监控）
战略制定和执行	先自下而上地收集、整理、分析信息，再做决定，然后自上而下地层层分解执行	内部市场机制（液态网络），多样性（种类繁多的选择）、试验和价值筛选机制
组织顶层角色	规则制定者	规则守护和资源配置的催化剂，让新战略自发涌现
权力和资源的流动性	大量的藩篱、桎梏、隔阂、壁垒导致权力和资源固化	权力和资源可以流向组织内最能创造客户和社会价值的个体和团队，以及高效创新部分

参考文献

[1] 奇普·希思，丹·希思. 行为设计学：打造峰值体验[M]. 靳婷婷，译. 北京：中信出版社，2018.

[2] 奇普·希思，丹·希思. 行为设计学：让创意更有黏性[M]. 蒋奕晖，译. 北京：中信出版社，2018.

[3] 奇普·希思，丹·希思. 行为设计学：零成本改变[M]. 蒋奕晖，译. 北京：中信出版社，2018.

曾经，
我们相信
人一定是被动、消极的；

曾经，
我们认为
人一定是需要被监督、被激励的；

曾经，
我们笃信
层级繁多、组织严密、命令执行是一种必然趋势；

曾经，
我们觉得
效率可以驱动一切。

现在，
我们来到
传统人力资源管理的边缘地带；

现在，
我们站在
全新人力资源管理学说的新起点上；

我们相信
人们生而主动、积极；

我们认为
人们拥有强大的内在驱动力；

我们理解
迭代和变革会成为组织的常态。

未来，
我们不再囿于旧规范，
而是勇于建立新的准则；

未来，
我们不再认为增长和扩张是真正的发展；
而是坚信创新才是增长和发展的原动力。

未来，
我们不再苛求完美，
而是追求不断进步；

未来，
领先和强大只在倏忽之间，
衰败和凋零始终如影随形。

未来的道路是艰辛的，
因为路上充满荆棘和坎坷。
未来的道路是美好的，
因为路上有鲜花和掌声。

让我们整装待发，
去到
人力资源管理的新边疆。

反侵权盗版声明

举报电话：（010）88254396；（010）88258888
传　　真：（010）88254397
E-mail：　dbqq@phei.com.cn
通信地址：北京市万寿路 173 信箱
　　　　　电子工业出版社总编办公室
邮　　编：100036